爆發式成長

GROWING

李栩然——著

自序 · 成年人的爆發式成長，源自於充分的醞釀準備

OI

除了職場、成長和思維類的各類書籍之外，我還喜歡看歷史書。看這些歷史書的時候，我發現一個現象：很多白手起家的古代帝王，手底下往往有一大批極為優秀的人才。比如古代皇帝劉邦、朱元璋，他們的手下可謂猛將如雲、謀臣如雨，像他們這樣的人，是從哪裡找來那麼多厲害的人和他一起打天下的？而且不久之後，這些普通人就掌握了一個時代、一個國家的命運。究竟為何他們的崛起能如此迅速？

因為，人是會成長的。

這些快速逆襲的人，在三四年的時間裡光速成長，成為指揮若定的將軍或掌控時代的風雲人物。歷史上的真實故事告訴我，人真的可以「逆襲」。不是家庭不好、學歷不高、處於低谷的人就永無翻身之日，只要策略得當、謀定後動，經歷一段時間的沉寂策劃，也有翻身機會。

這些年在中國非常知名的科幻小說《三體》中，曾提到「技術爆炸」的概念，作者劉慈欣認為人類歷史上的科技不是勻速發展的，

而是在短時間內獲得極大突破，比如第一次工業革命和第二次工業革命。人的一生其實也一樣，有些人在別人看不到的地方悄悄地改變，在很長一段時間裡，孤獨地翻山越嶺、默默醞釀後，有一天看似「突然地」迎來了爆發式成長。《三體》這本書裡還提到一點：所有技術爆炸的背後，都有個思想解放、文藝復興的過程，人生同樣如此，所有短時間內的爆發式成長都有規律可循，是人的思想使其產生了變化。

《與成功有約：高效能人士的七個習慣》的作者史蒂芬・柯維說：「如果想得到一個小改變，你只需從行為入手；如果希望看到本質上的變化，請從思維入手。」當你遇到了問題，有了困惑，有了反思，激起了動力，找到了方向，定下了目標，採取了行動，你一定會看到自己的變化，並最終從中受益。

Do not pray for easy lives. Pray to be stronger men.（不要寄希望於生活讓你舒適。要讓自己成為一個更強大的人。）

這也是我在這本書裡想和大家分享的，而這種力量只要運用得當，就可能會讓自己產生脫胎換骨的變化。

02

英國著名的女首相——柴契爾夫人對命運做了很精闢的分析，她說：**「注意你的想法，因為它能決定你的言辭和行動；注意你的言辭和行動，因為它能主導你的行為；注意你的行為，因為它能改變你的**

習慣；注意你的習慣，因為它能塑造你的性格；注意你的性格，因為它能決定你的命運。」 我們現在說的「性格決定命運」，其實是在漫長人生當中，由每件事、每句話、每個念頭一點一滴累積而成的，這也是我在書裡想和大家分享的。

從2015年註冊知乎帳號開始，我始終關注各種自我成長的話題，寫下了無數回答，在平台上的點讚和文章收藏量都超過百萬。後來，在「栩先生」公眾號剛開始更新的時候，我寫下了〈徹底改變自己，你需要的不僅僅是勇氣〉文章，其中關於自我改變的「三重境界」，實際上是我在大學畢業前夕時已經體驗過的。

裡面有一句話：「沒有對過去自己的反思和否定，沒有對自己一系列遭遇的深入分析、研究、判斷，不找幾個成功人士把自己罵醒，你怎麼知道自己有什麼問題？你怎麼會有改變的動力？」

一年後，我又寫下了「你見過最上進的人是怎樣的？」一文，再次談道：「沒有試圖突破自我的人，不足以談上進，不破不立、破而後立。」先突破了被年齡困住的自己，是這麼多年來突破自我的起點、初始的動力。也是從那時開始，我大量閱讀心理學、情緒管理、思維認知方面的書。

有一陣子，我思維非常混亂，腦子裡什麼亂七八糟的理念、思維都有。有些人「懂得很多道理，仍然過不好這一生」的根本就在於——那些道理都是別人的道理。但我正是透過大量閱讀和反思，思維和認知才有了不同層次的提升。

2018年，我在「栩先生」公眾號上寫的「成長三部曲」提出了一

個觀點：「你消除了認知的障礙，突破了自己封閉的內心，才開始接觸和掌握更多更高層次的思維方式。這樣的突破，可能是很多人終其一生也無法實現的，但也只是人生進階的起點而已」。這是很多人的通病，在人生的某個時候突破了認知，想明白了某些大問題，就以為自己馬上要成功了。但是，突破了障礙、得著心法，不過是有了修行的基礎，還需獲取大量的常識、見解、招式和經驗，否則就是紙上談兵。若沒有真正進入社會、沒有過歷練，不可能真正在方法論層面上建立自己的思維體系。

歲月本身不會讓人成長，唯有經歷過不同事情，才能煉心。

進入社會，你開始真正實踐當初那些從書上學來、囫圇吞棗的各種思維、理念、招式，也開始了和外界的對話、鬥爭。你會遇到很多的人，包括生活中的小人、針對你的人、看你笑話的人、傷害你的人、和你合作的人、與你競爭的人；也會遇到欣賞你的人、交心的人、信任的人，還會遇到幫助你的人。以及可能經歷跳槽、辭職、當主管、租房、買房、投資理財、成家立業、疾病纏身…等。各位，這些五花八門的人和事，就是人生的真相啊！

也是在這個階段，我開始閱讀各種職場書籍，培養工作需要的各種能力。我的目的很簡單，就是要做一個很厲害的人，一個不被外界和他人傷害、有足夠的戰鬥力和判斷力，讓自己不斷向上成長的人。當我開始有了一些影響力，可以借助身邊的資源，就能去做更多更大的事情。

2018年的5月，我寫了一篇文章〈那到底什麼決定了格局？〉，光是在微信平台就被轉載了772次，全網閱讀破千萬次，很多人因為這篇

文章開始關注我。促使我在2019年9月寫下暢銷書《成為極少數》，幫助很多人建立起改變與行動的決心和意志。我把這些經歷講出來，只是為了告訴大家我是怎麼想的、是怎麼做的，以及為什麼會這麼想。

o3

距離上一本書出版，又過了兩年多，我的思考和實踐進一步深化，視角也開始更多地觸及個人、社會和世界的問題。在這兩年間，有不少讀者留言說，我的文章和建議讓他們獲得了很大的改變，甚至是徹底改變，他們有些是社會人士，有的是學生。還有不少粉絲說，幾乎每一篇文章都會印出來看。這些留言讓我體會到不小的壓力，但也讓我獲得滿滿感動，得到了信心和動力。

寫這篇自序的時候，我統計了一下，不算零碎的私信回覆和留言答覆，從知乎到公眾號，再到社群，我已經寫下超過200萬字的原創乾貨。在這些成績的背後，我先做了大量且長期的閱讀和思考，讓整個人生思維的體系有了很大的提升。

歸根究底，我寫下的所有內容，都圍繞著一個主題：成長。

這種成長不是年歲上的增長，更多的是心理、認知、思維以及工作和生活層次的進步和變化。但「全方位的成長」在學校裡學不到，因為實現的方法和路徑很隱蔽，一般人很難學到。

有人說：「成功的路上不擠」，其實是很多人根本找不到正確的方法持續走下去。正因為我經歷過這樣的成長和改變，才迫切地想要將這過程中總結出來的方法論，不藏私地告訴大家。

我將自我成長的關鍵要素，從內功、心法到實踐、招式…等，分成了自我認知、格局提升、底層思維改變、戰勝拖延…等十六個主題，再濃縮成本書的十四章、四十一節的精華內容。

這裡面，既有最基礎的心法認知——目標管理、底層思維、自律、情緒、格局；也有自我管理的核心內功——時間管理、知識管理、品牌管理、形象管理；還有在團隊中快速成長的關鍵招式——人際關係、溝通表達、領導能力、高效寫作；同時，我還想幫助你更好地將認知變現——在人生的關鍵時刻，做出正確的決定。

我會說明如何用簡要的方式制定目標、管理目標、實現目標。你也可以借助書裡的小工具不斷檢視，直到完成自己的目標。而這些思考、知識，都是我觀察自己和身邊的朋友總結出來並且實踐驗證過的，從中得到實實在在的成長。它幫助我一路走來披荊斬棘，不僅在職場中持續進步，而且在業餘時間裡還取得了突破性成功。

我相信這樣一套體系化的成長訓練，能幫你建立自己的「成長金字塔」：不僅在閱讀本書的這段時間可以獲得成長，在未來更長的時間裡也能依著本書的成長體系不斷反覆運算練習，使認知快速升級。

04

成長是生物進化的一種本能，只要有可能，我們一定會去追求更高更遠的目標，不斷地完善自己，得其大者可以兼其小。

當你突破了更高的層次，有了更強的思考能力、更開闊的眼界、更大的格局，你在面對生活工作裡的瑣事、煩心事時才會更舉重若輕，從容應對；才更能跳出平庸生活的束縛，實現更大的人生自由。

而這種人生層次的提升，最終會影響你做事的方式、解決問題的思路，也會顯示在氣質與談吐之中；更直觀地來說，你在「市場」上的個人價值也會不一樣。那些沒有嘗試過自我改變的人，永遠不知道看見自己進步並從中獲益的感覺有多喜悅。那種成就感、滿足感、掌控感，和小孩子學會走路、學會騎車的感覺是一樣的。你現在看到的這本書，是為那些發自內心地認同自我成長且迫切渴望改變人生的人而寫的。

我經常說的一句話是：「天助自助者」。就像查理・蒙格說的：「我的劍只交給會揮舞的人」，只有真心地認可，你才可能做出自我改變。那些聽了不屑，或者見了不信以及淺嘗輒止的人，將永遠也無法知道自我改變後會有什麼樣的全新體驗。

相信我，能夠突破人生困境，最終走出來的人，一定是少數。希望這本書能讓你成為那一小部分願意自我改變並且為之行動的人。

當你穿過了暴風雨，你就不再是原來的那個人了。

——村上春樹《海邊的卡夫卡》

目
錄
■

[第三章] 格局認知
再大的餅，大不過烙它的鍋

[第四章] 知識管理
擺脫學習焦慮，轉化知識價值

[第五章] 溝通表達
一句話可以聚人心，卻也能壞大事

[第九章] 時間管理
時間是多數年輕人唯一的資本

[第十章] 目標管理
完成目標的關鍵，是學會制定目標

[第十一章] 領導力
每一個人都有成為管理者的潛質

栩先生的讀者問與答

第一章

認識自我

先釐清自己的座標，
成長才有動力

花半秒鐘就看透事物本質的人，

和一輩子都看不清事物本質的人，

命運註定截然不同。

1 自我改變的起點── 從「幼稚速率」說起

人的一切未來，就是過去走過無數條路的總合。

所有的成長，尤其是一段時間內集中的自我提升，最初的起點一定是思想先發生了變化。

這個核心觀點請牢記：**思想是行動的前導。**

如何讓思想發生變化？很多人覺得需要的是經歷。經歷對一個人的影響之所以比「紙上談兵」要大得多，原因就在於它夠直接、夠徹底、夠震撼。「紙上得來終覺淺，絕知此事要躬行」不要信那些投機取巧的捷徑。不要被一些金句唬住。只有實實在在的經歷才能促使你去反思，才能激發你的思考，而唯有思考才能帶來改變，否則，再多的生活經歷也不過是過眼雲煙、走馬看花。

但這也只是表象。因為經歷是客觀的，很多人活了一輩子，到老了思想還停留在十多歲的時候。真正能引起思想波動、升級乃至進化的東西，永遠是經歷後的總結和反思。**而總結和反思的核心在於三個方面：分析自己、觀察他人、重新認識這世界。**在這本書中，我將從分析自己開始，一步步地帶著你走入自我成長、升級進化的道路。

這是我第一次以書寫方式公開「自我分析」的方法。它是一種對

自我認知的真實記錄。為了更容易看清楚這一路上怎麼走來，有時我會回顧自己在不同人生階段裡「自我剖析」的情況，隨著年齡、閱歷的增長…等，不難發現過去的自己真有些幼稚。

這裡就要提到一個新的概念——「幼稚速率」。

這個詞並非心理學的專業術語，而是我的一個觀點：檢驗自己有沒有成長的關鍵，就是往回看自己——如果覺得自己說過的話、做過的事，幼稚得像孩子一樣，就說明你進步了。這中間的週期長短，反映出「幼稚速率」。從你上次覺得自己幼稚到現在，隔的時間越短，證明成長越快。

如果現在倒回去看，你覺得當年的自己有些幼稚、偏激，這不是什麼壞事，它反倒說明了這些年裡，你的認知和思想都有明顯進步。若想提高「幼稚速率」，每隔一段時間就要對自己進行一次深刻的剖析和總結，看看自己到底有沒有發生改變，哪裡變了？哪裡沒有變？這能幫助我們更好地掌控自己。

對自我的剖析，也符合「冰山原理」。也就是，一個人透過外在和他人評價反映出來的真實自我只有20%，易流於表面；而剩下的80%潛藏在深處，需要非常深刻地探察自己的內心才能認清。

為什麼中國古代文化裡提倡「內外兼修」？藉由改造主觀世界來改造客觀世界，為了讓人不斷反省和修煉，達到「知行合一」的狀態。而這裡的「知」，不只是知識，更多的是對自我、對世界的認知。只有完全了解自己的需求、莫名的情緒，甚至是極端想法產生的根源，才能應對各種人生狀況。別做「臉上笑嘻嘻但心裡很崩潰」的

兩面人，時間久了，心理會出問題的。

　　自我剖析是沒有完美公式的。當年做自我剖析時，我看了很多書、查很多資料，發現關於這一塊的內容不多，一些資料只是點到為止，卻沒有具體方法和原則。據我個人長期反省自己並總結的經驗，有些基本原則和方法能讓你的剖析更聚焦，同時避免陷入某一種極端情緒裡不能自拔。以下介紹比較完整而深入的自我剖析方法：

一、核心優劣勢：

　　這是最基礎，也是最簡單的。拿出紙筆，把你目前最擅長的、最不擅長的事情一一列舉出來，分析你過去覺得成功或者失敗的地方。

二、底層價值觀：

　　也就是做事的價值依據。方法是多做思想實驗，真實帶入以下情境，了解自己的價值觀。

三、極端情緒：

　　人在極端情緒下最容易曝露出真實自我──我害怕什麼，畏懼什麼，嫉妒什麼？容易對什麼憤怒，被什麼感動？

四、個人形象：

　　你怎麼看自己？你會為自己的形象自卑或者驕傲嗎？最好是以「第三者視角」，看看什麼人喜歡你、什麼人討厭你，分析他人為什麼喜歡你、為什麼討厭你？

五、個人追求：

　　你的野心是什麼？抱負是什麼？最想得到什麼？愛好是什麼？

六、社會定位：

你的收入是多少、你朋友們的收入是多少？你的工作能不能帶來社會價值，你的朋友圈是什麼樣的⋯等。

從上述六個方面延伸，我設計了十六個問題，幫助你進行深度的自我剖析。

【自我剖析如何進行？】

請找一個無人打擾的時段，最好有1～2小時的完整時間，關掉手機、電腦，讓自己放空；選擇安靜且能讓自己有安全感的地方，比如空曠的自習室、週末無人的辦公室、家裡無人的房間、公園的僻靜角落⋯等；準備一張白紙，先按圖1-1畫四個象限（金字塔可以不畫）：

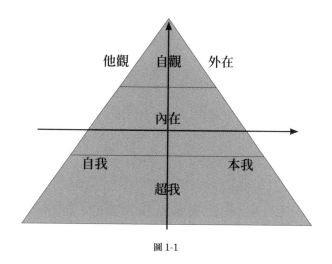

圖 1-1

內在：你覺得什麼是好，什麼是壞，什麼是對，什麼是錯，想要什麼，不想要什麼。

外在：這個世界是什麼樣的，別人都是怎麼樣的，你如何看待世界。

自觀：你怎麼看待自己。

他觀：別人怎麼看待你。

我們以佛洛伊德[註]提出的「本我（我要什麼）」、「自我（我能要什麼）」、「超我（我應該要什麼）」概念來分析「冰山原理」：

位於冰山頂部的是「本我」，是一個被本能驅使的我。透過自己的外在和他人對你的評價，可以看到一個抽離了個人意志且符號化的「我」。他人的評論和你對世界的看法固然重要，但往往並不真實。

位於冰山中段的是「自我」，是自己意識的覺醒，是探尋自己的開始。透過對自我內心的探索，去發現你原本應該是什麼樣的人，擁有什麼樣的特質。很多人可能到老了也不知道自己到底是什麼樣的人。

位於冰山最底層的是「超我」，這是價值體系中的「我」，是你覺得自己最應該成為的「我」，是需要窮盡力氣、花費很長的時間去不斷探索的人生終極答案。

【註】
本我、自我與超我是哲學家佛洛伊德的「人格結構理論」所提出的精神的三大部分。1923 年，佛洛伊德提出相關概念，解釋意識與潛意識的形成，以及相互關係。本我（完全潛意識，不受主觀意識的控制）代表慾望；自我（大部分有意識，負責處理現實世界的事情）；超我（部分有意識）是良知或內在的道德判斷。

　　這四個象限讓我們對剖析自我的冰山原理有了粗淺認識，知道一個完整的、真實的自我，應該同時包括他人對自己的看法、自己對自己的看法、自己對世界的看法，以及更深層次的價值判斷。接下來，請依序寫下你對以下問題的回答。

（1）你對自己的現狀感到滿意嗎？你每天有多長時間會陷入擔憂、消極或焦慮的狀態中？你覺得這些情緒產生的根源是自己的問題，還是環境、機遇的問題？

（2）取得一個成就的時候，你覺得是因為自己天賦好、夠努力，還是因為運氣好？你覺得要成為一個更好的自己，需要哪些必備條件？

（3）你有絕對不能碰的禁區和紅線嗎？有多少個？（請列出來）如果有人觸碰了，你會怎麼做？

（4）你相信自己有改變的可能嗎？你覺得一個人真的「江山易改、本性難移」嗎？

（5）你覺得自己形象如何，氣質如何？你的精氣神和身體狀況怎麼樣？

（6）你每天睡幾個小時？入睡困難嗎？睡醒後的精神狀態怎麼樣？

（7）當你見到陌生人時，他們多半表現願意親近你，還是相反？

（8）你熟悉的那些人裡，大家對你的評價多半是什麼？請擷取他們評價中最常出現的四個關鍵字。

（9）你認為自己的家庭幸福和溫馨嗎？你如何看待自己的父母？

（10）碰到那些對你有意見的人，你是欣然接受，還是感到不高興？當有人誇獎你的時候，你會更喜歡他嗎？

（11）你的朋友裡有和你長期共事的夥伴嗎？對於學習時、工作中的競爭對手，你會願意和他們交往嗎？

（12）想一想你生命中最重要、最難忘的幾個人。有幾個是曾經幫助過你或你曾幫助過的人？有多少是你的朋友，有多少是你認為的敵人？

（13）你覺得自己的人生有退路嗎？面對一個新的項目和機會的時候，你願意挑戰自我嗎？你的底氣來自哪裡？

（14）你做每件事情都會有計劃嗎？你有訂下重要計劃並且最終完成的經歷嗎？在你的計劃外出現了一件出乎意料的事情時，你會認為這不見得是壞事，還是認為這一定是壞事？

（15）想一想，你覺得現在的你和過去的你相比，哪個更好？你覺得未來會比現在更好，還是更差呢？

（16）當你看到以上問題時，你是認真思索再寫下答案，還是只花了很短時間就寫出答案？你相信以上問題有助於認清自己，還是覺得毫無幫助？

這些問題分別對應著內在〔（1）~（4）題〕與外在〔（5）~（8）題〕、他觀〔（9）~（12）題〕與自觀〔（13）~（16）題〕。

但是請注意，這些問題並不能窮盡你對自己的剖析，你填的答案不代表全貌，更沒有對錯之分，它只是一面幫助你認清自己的鏡子。如果可能，你可以試著和朋友、親人一起來完成這個自我剖析的挑戰，互相察看對方的回答，再坦誠地交換對彼此的看法和印象。從這種偏差中，人們更能發現過往在自我認知上的缺陷和盲點。

全都分析一遍後，你對自己的認知就會比之前清晰很多。另外，這樣的自我分析也不是一次性的，建議每次單就一個方面進行深入思考，花1～2小時作答。如果你可以找到信任的朋友或者家人，把你的分析結果告訴他們，或者讓他們和你一起分析，如此效果會更好，更

能得到積極的回饋。

　　這章的最後，說說我自己。我現在回頭看，覺得當年從小縣城走出來的我，是個既自卑、驕傲、偏激的青年。因為起點低、眼界窄，我的很多想法和行為都很狹隘、固執，甚至愚蠢。當年的我，認為自己經歷不少侮辱與欺騙，陷入過度抑鬱、沉迷網路遊戲、懷疑人生，大學時頹廢到自暴自棄，兩度瀕臨退學…。當時的我缺乏見識又無人指點，走了太多的彎路和歧路，甚至是回頭路。於是，大學畢業時，我對自己做了一次極為深刻的、真實的自我剖析，寫下了幾萬字的分析文章。在這個過程中，我做到了「勇敢面對自己」這件事，如今我將當年真實的自己向大家展示出來。現在的我，與當年寫下剖析文字的我，已經有了很大的不同。

　　一個人如果不經歷一次脫胎換骨，如何成長呢？**自我剖析的過程，很多時候就是對過去的自我進行一次「重塑」的過程，過程中會有價值觀的衝突，也會出現思想的各種異動。**你需要在這一過程中不斷給自己立下原則——什麼能做、什麼不能做、什麼可以改變、什麼不可以改變。

　　人的性格從來不是內外完全一致的，性格的內核心可能是比較穩定的，但外在的部分可以修正。比如我當年性格自卑又自傲，極端又偏激，看待問題很消極，但現在幾乎完全改變了，變得冷靜克制許多，很難真正動氣，遇到再難的問題也會首先思考如何積極應對。這就是這些年性格持續改變的結果。但永遠不要有一勞永逸的想法，別指望一次改變就能顛覆自我。很多人想要改變，但沒有動力，始終邁不出第一步，也找不到科學有效的方法。

我的變化，其初始點，就是那一次深刻又全面的自我剖析。

我真心地希望，每一個對自己的現狀不滿又渴望改變的讀者，都能隨著深入閱讀本書，慢慢地打開自己，面對自己的過去，誠實地分析自己到底是一個什麼樣的人，又為什麼會擁有今天的景況。

歸根究底，人的一切未來，就是過去走過無數條路的總合。

2 重新認識你自己——
如何科學地、深入地自我剖析

你把難題清清楚楚地寫出來，便已經解決了一半。

只有對自己的過去和現在做全方位的反思與總結，從中找到導致你現在痛苦、困惑、迷茫的問題根源，才可能知道未來應該怎樣去改進，應該尋找什麼樣的路徑，這個過程可能是悔恨的、痛苦的，但可藉此更新自我。如何重新認識自己，怎樣正確客觀地分析自己？以下分享五個原則：

一、對自己誠實：

自我剖析必須做到誠實。其實，很多人會自己欺騙自己。比如我在這裡寫下一個問題：「你有沒有恨過父母？」請注意，我問的是「恨」，而不是抱怨父母。

很多人可能不會誠實回答。因為這樣的回答是對自己內心深處最隱密的地方進攻。真實的自我剖析都是血淋淋的，在剖析過程中，你可能看到自己最柔軟的部分，也會見到最黑暗的一面。

不管怎樣，如果要對自己進行深入剖析，就一定要完全誠實。不要因為懼怕面對真實的自己而說謊。剖析過程中試著深呼吸，排除雜念，避免外界干擾，給自己一個空間，把最真實的一面展露出來。

二、集中剖析自我：

每個人都是一個多面體，自我剖析應該主要集中在以下三點。

① 分析你對當前狀態的認知與感受：

你覺得你現在的狀態是什麼樣的？你對現在的狀態滿意嗎？這個狀態是你之前一直想要的嗎？別人怎麼評價你現在的狀態？

② 分析你現在這個狀態的來源：

你為什麼會是這種狀態？你為什麼對於目前現狀滿意（或者不滿意）？

③ 分析你今後想要的理想狀態：

你為什麼想要這樣的狀態？這個狀態是你過去就想要的狀態嗎？你能透過改變現狀達到理想狀態嗎？你覺得要付出什麼才能達到？你能接受這樣的付出嗎？

以上這樣分析得到的結果就是最本質的問題：我從何處來？又將往何處去？

三、找出自己的座標：

這個世界上的人各有特色，但歸納起來，你的與眾不同只表現在「細節」上。有些人想更了解自己，會看星座學做參考，但你是因為星座的描述百分之百準確，所以認清了你自己嗎？其實不是，而是星座學的模糊語言，給你一個認識自己的契機。它只需要模糊地定下關於每個人的大框框，你自己就會沿著這個方向把剩下內容補起來。這有點像不知道怎麼做選擇的時候拋硬幣，在它落下來的過程中，你心裡期望它是哪一面朝上，哪一面就是你的答案。

四、保持正向：

所有的自我分析都不是為了讓你陷入自我否定、悲觀抑鬱的狀態。自我剖析的目的不僅是為了更好地認識自己，更重要的是藉此和「過去的自己」和解，統一「現在的自己」的思想，為今後成為更好的「未來的自己」做思想準備。《孫子兵法》裡說，上下同欲者勝。如果你連自己的想法都統一不了，又怎麼能集中精力做出更好的改變？在剖析自己的時候，千萬不要給自己貼負面標籤，比如「我就是自私自利的人」、「我就是自卑的人」、「我就是沒有勇氣去嘗試的人」…這些標籤不具成長意義。

如果非得有標籤，請給自己貼這樣的標籤：「我是真實的人」、「我是勇於面對自己的人」、「我是渴望改變的人」，先排解掉太多亂七八糟的想法和悲觀情緒。既然知道自己從何處來，過去已經無法改變，那最重要的就是立足現在、改變未來。

五、即時記錄：

請記住，你的記憶力遠遠沒有你想像的好。很多人經常在深夜時思考自己這一路怎麼走來、以後要做什麼，想得熱血沸騰、痛哭流涕，但只要睡一覺起來，隔天就忘了。

所以自我剖析一定要用文字記錄下來，這就是你自己的成長經歷。我有個筆記本，從國中開始記錄，到現在仍是同一本。它不是日記，也不是週記，我只記人生中最受觸動的、最難以忍受的、最痛哭流涕的時刻。我寫下當時對事情的感受、真實的想法（三個月或半年）回看一下，就會發現自己想法上的變化。

我當初覺得完全無法接受的事情，過一段時間再看好像也就那麼

回事罷了；當初覺得一定不會改變的想法，過一年去看會覺得「我當時為什麼會這麼想」。如果每隔一段時間去看當時自己的剖析，你會覺得之前的自己怎那麼幼稚，甚至好笑，這說明你已經走上了不斷蛻變、自我成長的軌道，如此也就越接近「爆發式成長」的真諦。看似好像每個階段都在自我否定，但實際上就像布袋和尚的《無題》寫的那樣：

手把青秧插滿田，低頭便見水中天。
六根清淨方為道，退步原來是向前。

他寫的是插秧時的場景。插秧的時候，人是退著走的，看似在倒退，實際上獲得的東西（插下的秧苗）是在前方不斷累積的。

希望大家能從現在開始，每隔一段時間或者每當有一次刻骨銘心的經歷時，就把那一刻的自己真實地記錄下來，包含當時的行動、想法、最後的結果…等。

3 讓自己做人生的主宰者—— 不當價值觀上的弱者

千萬不要把決定命運的鑰匙交給別人。

你是否跟曾經的我一樣迷茫，無法認清自己當下的困惑，焦頭爛額地思考著現實問題…遇到這種情況時，可以透過自我剖析去「了解自己的價值觀」。

價值觀是人性裡最底層的代碼，是指導你一切行為和思考的基礎。平時你很難關注到它，但你對每件事做出的每一個判斷、下的每一個定義，背後都有價值觀的體現。特別是在面對底線的時候，價值觀的作用會變得更明顯。想了解自己的價值觀，除了及時記錄自己最極端的看法、真實的情緒和感受，也可以做思想實驗。比如：

Q 你覺得這個世界是善意的還是惡意的？
Q 你遇到有人揮刀砍向你的同學時，會不會上前去擋刀？
Q 以往求學時，若遇到不合你心意的老師，會心情鬱悶嗎？
Q 如果遇到別人給你回扣，你拿不拿？

類似這樣的問題很多，我有一個常用小技巧分享給大家，那就是每一次社會上出現熱蒐話題，特別是價值觀衝突激烈的那種，我都會代入自己去思考：「如果我遇到了怎麼辦？」我一直覺得這才是關注

與思考熱蒐話題的價值所在。如果你就當成八卦看看，那別人發生的事又與你何干？那你不會成長。今後你再遇到其他熱蒐話題的時候，不妨對比來看，就能從中看到自己價值觀的變化。

從更高層次來看價值觀，有些情況下也難有善惡對錯之分，像電影《復仇者聯盟》裡薩諾斯的價值觀，他篤信不疑的事在別人看來卻是邪惡的。除了社會普遍認同的價值體系外，我自己將個人價值觀分成「強價值觀」和「弱價值觀」兩種，每個人都有自己的價值觀，只不過有些人覺察不到，或者表現不明顯而已。

所謂強價值觀，就是一個人做事或說話的背後，都帶著價值觀的烙印。喜歡什麼就是喜歡什麼，討厭什麼就是討厭什麼，不會輕易妥協和改變。哪怕為了顧及他人感受，不得不說說場面話，那也是在極少數時候。強價值觀的人優點是個性鮮明，聽他說的話、看他做的事，你會知道他在想什麼，以及為什麼這麼想、這麼做。當然為了維護自己價值觀的穩定，這種人也可能會經常碰壁，遭遇很多意外打擊，情緒也容易大起大落。強價值觀的人，今後如果想改變自己，一定要從檢視價值觀開始。如果價值觀不改變，其他的改變都是流於表面，不會持久的。

弱價值觀的人，優點是性格比較和善，不太會引起他人攻擊，也不太喜歡和人發生爭執；缺點是容易陷入迷茫、做事模稜兩可、易被控制，很多時候是敢怒不敢言的人。弱價值觀的人若想改變自己，需要強化自己的價值觀，通過思想實驗為自己定下底線，對於觸及價值觀底線的人和事一定要堅持原則、寸步不讓。

事實上，一個人也好、一個企業也罷，不可能沒有自己獨特的個

性和價值選擇。這個價值選擇，就是到底什麼該堅持、什麼該放棄、什麼必須有原則、什麼可以靈活。**不要以為凡事忍讓、不表達觀點，就是「成熟大人」的表現。時間久了，我們反而會成為沒有稜角、沒有想法、得過且過、面目模糊、被生活壓榨到毫無生氣的人。**

這裡要特別說明的是，價值觀和個性是兩件事，表裡可能不一。價值觀強的人，個性也可能很溫和。舉個誇張一點的例子，武俠小說裡的高僧往往有著與世無爭的外表，實際上，他們的價值觀特別強，一旦你突破了他的底線，他打起人來比誰都狠；而個性很強的人，其價值觀可能很弱，真正遇到事情就躲了、退縮了，比如年少時就敢殺人，但見了秦始皇卻直接嚇得發抖的秦舞陽。

一個人真正的強大，一定是內心的強大。這種強大，源自於對自我和世界的清醒認識而展現出堅定的行為表現。說一個比較現實的例子，很多女性在分手或者離婚後，反而活出了更好的自我，她們丟掉了對於愛情、美好婚姻的幻想，認清了兩人的現實，強化和重塑了價值觀，所以內心一下子變得強大。

很多人問我：「那到底是價值觀強的人好，還是弱的人好呢？」我想起看過的影集和小說，主角大多是價值觀很明確的人，而配角大部分是價值觀較弱的人。你如果想做生活中的主角、掌控自己的命運，當然要努力去強化自己的價值觀。但如果只想要簡簡單單、平平淡淡，得過且過地生活，或許價值觀可以不那麼鮮明，如此活得會更輕鬆一些。

無論是強價值觀還是弱價值觀，我都希望你記住一句話：**千萬不要把決定命運的鑰匙交給別人，要做一個掌握自己命運鑰匙的人。**雖

然可能活得會更累一點，但一定要活得自在、明白。而古往今來也只有這樣的人，才會被更多人真心地佩服、追隨，也更容易展現自己的價值，因為這種人本身就是眾人之上，走到哪裡都是標竿。

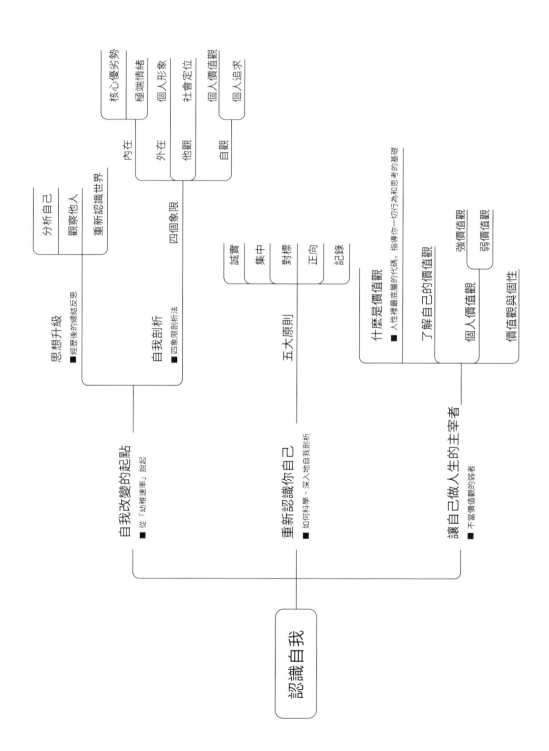

認識自我

自我改變的起點
■ 從「幼稚速率」說起

重新認識你自己
■ 如何科學、深入地自我剖析

讓自己做人生的主宰者
■ 不當價值觀的弱者

思想升級
■ 經歷後的總結反思

分析自己
觀察他人
重新認識世界

自我剖析
■ 四象限剖析法

四個象限
內在
核心優勢劣勢
極端情緒
外在
個人形象
社會定位
他觀
自觀
個人價值觀
個人追求

五大原則
誠實
集中
對標
正向
記錄

什麼是價值觀
■ 人性裡最底層的代碼，指導你一切行為和思考的基礎

了解自己的價值觀
個人價值觀
強價值觀
弱價值觀
價值觀與個性

36

第二章

底層思維

所謂的「人生開外掛」，
都源自思維進化

人停止進步，

都是從封閉自己的思維開始的。

1 什麼是底層思維——
你怎麼想的，很多時候並不由你決定

一切思維方法，最終都要歸納到這四點。

很多人喜歡談「底層思維」，但鮮少有人真正明白那是什麼。以科學角度解釋，思維是一種高級意識活動，是人類大腦內神經傳導物質、神經信號相互交織和反應之後產生的一種有意識的產物。

我再用最通俗易懂的語言來說明，思維就是你在想什麼、怎麼想。我們大腦裡的這種「想」，有些是無意識的，比如餓了吃飯，睏了睡覺；有些是有意識的，比如中午是吃西餐還是中餐，這一覺是現在睡還是做完工作再睡。

至於有意識的「想」和成長有關，人類的進化、個人成長就是靠不斷強化這種「有意識的思考」來達成。很多人覺得自己活得渾渾噩噩、如同行屍走肉，內心焦慮迷茫，就是因為他們把「有意識思考的事」變成「無意識思考的事情」，他們會覺得工作怎麼做？差不多就好吧；下班後幹什麼？再看吧；以後想做什麼，還沒想好…。總歸一句，這類人不主動去想，單單靠本能活著。想怎麼活，活成什麼樣子，全靠命運。

人的思維是可以訓練的。也就是說，如果你找到科學的方法，

有意識地鍛煉主動思考的能力，它會幫助你用主動意識慢慢接管那些被本能支配的部分。這其中，接管人類基礎本能（吃、睡、性慾、情緒…等）的部分，就是第八章會談到的「自律」；接管高級意識的部分，是所謂的「底層思維」。你的底層思維能力越強，生活中能使用更深層次的思考來處理的事物就越多，而不是糊裡糊塗，得過且過。

（1）天性（遺傳的性格、本能）
（2）成長環境（特別是家庭因素──父母思考問題的方式，通常也會影響孩子）
（3）語言（不同的語言對應不同的思維模式）
（4）教育（受教育程度不同，思維也不相同）
（5）刻意訓練（教育是被動接受學習內容，刻意訓練是意識之後的主動練習）

影響一個人思維的因素還包含人際交往、物質條件…等，但最根本的就是上面五點，它們共同建構起一個人底層思維的四梁八柱。有些人可能沒有意識到，你面對一個問題的想法，處理一件事情的做法，實質上都是「底層思維」作用的結果。也就是說，如果強烈希望脫胎換骨的變化，必須改變底層思維。

這其中，天性和成長環境是很難改變的，多年的教育經歷也很難被推翻，根深蒂固的語言更是難以徹底改掉，如同很多人在國外說外語，其實在大腦裡會自動翻譯成中文。

真正較為容易實現的是「刻意訓練」。

底層思維是一個人思維中最基礎的東西。你的所有想法、思考，

本質都是基於底層思維模式。如果用手機來比喻，底層思維就是一台手機的作業系統，類似iOS，Android或鴻蒙。你的所有想法就像各種應用程式，就算再厲害、再獨特，也是基於這些底層思維建構的。就像手機的Android系統有很多不同版本一樣，你的底層思維經過訓練，可以自成一家。

從閱讀和思考的基礎來看，我將一個人最底層的思維模式分為四種，那就是對應剛才作業系統的比喻，以下一一說明：

① 歸納

歸納，就是時時刻刻學會用最簡潔的方式，將一件事、一個問題中最本質的東西總結出來，「打包」到自己腦海裡。世間的知識道理、萬事萬物被「打包」之後，能在有限的空間和時間裡，讓你獲得更多的東西。

我常說，總結一次就有一次的成長與收穫。我們雖然經歷過很多事、聽過很多道理、看過很多書，但多數都像過眼雲煙，時間一過，什麼都沒留下，難以對底層思維產生深刻的影響。而**總結（歸納）的過程就是向底層思維進行「輸入」的過程**。

最簡單的方法，就是當遇到難題或者刻骨銘心的經歷時，你試試用三句話把它總結出來：**這是什麼？為什麼會這樣？之後會怎樣？**比如大多數人都支持某個人的觀點，同時也有許多人支持完全相反的觀點。這時我會想：這兩種截然不同的觀點為什麼都能得到許多人的贊同（是什麼）；之所以會這樣，本質是一種二元對立，有黑就有白，有誇就有貶（為什麼）；如果一個觀點已經很多人贊同了，想要得到支持，最取巧的方法就是提出截然相反的觀點（今後怎樣）。

以這樣的方式反思，就能從一件日常事件中得出很有意思的新結論，讓自己更好地認識問題，甚至在特殊時刻指導自己的行動。想改變自己的底層思維，得常常練習隨時有「歸納的主動意識」，從遇到的問題、經歷的事情歸納出一個規律性。

② 演繹

簡單地說，演繹就是對歸納後的東西繼續推演。歸納是將對世間萬物的看法、在本質上規律的東西「打包」成一個個道理，如同壓縮檔一樣。當你要使用這些道理的時候，則需要解壓縮的過程，這就是「演繹」。當你要用一個道理對事情進行分析的時候，可以假想自己是個授課老師，思考怎樣用最通俗簡單的方式讓學生理解這個道理。

在科幻小說《三體》裡，葉文潔只告訴了羅輯兩個結論：第一，生存是文明的第一需要；第二，文明不斷增長和擴張，但宇宙中的物質總量保持不變。書裡有兩個重要概念：猜疑鏈和技術爆炸[註]。

羅輯依據這兩個結論和兩個概念，之後完整地推演出宇宙文明模型：黑暗森林，這種思維方法就是演繹。和歸納一樣，演繹也是可以直接作用於底層思維的一種思維方法。也就是將你習慣於對生活中的諸多事情，不用直接的、線性的、本能的方法來思考和決定，而是解開那些被你歸納成各種「壓縮檔」的思維法則（比如「複利思維」、「剃刀法則」），分析你現在面臨的狀況，進而得出更理想的結論。這種反直覺、反本能的思維方法，就是能徹底改變底層思維模式的方法。

③ 開放

話說「問渠那得清如許，為有源頭活水來」，任何一個封閉的系統走到最後都會變成一潭死水。而很多人在國高中時間形成基本的思

維方法後，就再也學不進任何道理了。無論他們活到幾歲，思維的層次和模式還是和青春期時差不多，簡單、直白、粗暴。

這裡面的原因可能是懶惰——因為深度思維是一件花腦筋的事情，有些人恨不得什麼事都不想；也可能是偏激，不願意改變自己根深蒂固的想法；或是天天看短影片，被演算法「反訓練」的結果。無論什麼原因，我想說的是：「不要封閉自己的思維」，多讀書、多和有獨立見解或經歷豐富的人交流，遇事多聽聽別人的看法，去試著換位思考，想想別人為什麼會這樣想。這樣的做法會極大地拓展你思維的廣度和深度。

我曾經在工作場合見到一些智慧深不見底的成功人士，這些人很少打斷別人講話，反倒很擅於鼓勵別人發表看法、傾聽別人。哪怕他們和談話者相差幾十歲，又或者級別、財富、社會地位天差地別，但只要談話者說的有一點得到他們的認可，他們也會微笑著說：「有道理，有道理，繼續說下去」。每次和這樣的人交流，我都感覺見到了一個更廣闊的世界。只不過這樣的世界不是現實世界，而是思考的世界。希望大家也都建立起這種開放性思維，廣泛地汲取不同思想的營養。

④ 獨立

說完開放，有人可能會問：那我聽聽這個，聽聽那個，最後可能都不知道該聽誰的了，甚至都沒有自己的想法了。這裡就要提到我認為底層思維的最後一種模式：「獨立思考」。

在這個社會裡，獨立思考永遠是一種稀缺能力。大部分人都習慣了人云亦云的生活，缺乏獨立見解。這裡的人云亦云和前面說的開放性思維不一樣，開放式思維是主動接近、有意識地吸收，而人云亦

云則是被動跟隨、無意識地認可。保持獨立思維最核心的方法就是：「建構自己的思維體系」。

不同的人的思維結構是不一樣的，這就像對電腦上的資料夾進行分類。有些人喜歡由大至小：歌曲→純音樂→亞洲純音樂→中國古曲→古箏；有些人喜歡同類並列：音樂→搖滾、流行、爵士、交響樂…等。

多練習結構化思維，日後遇到事情、分析問題時，學會幫自己腦中的資料夾分類，按照一定的邏輯結構進行拆解，然後分門別類地將自己的思考放到思維結構裡。比如我最喜歡使用的結構思維（借鑒武俠小說）：心法、內功、招式。我會將自己寫的底層思維放到心法裡，需要時再從心法這個區塊將它調出來使用。

思維的內核心一定要有自己最獨立的體系，一點一點去形成自己獨特的思維地圖，甚至建立起一個「思維圖書館」。圖書館裡的書可能是別人寫的（他人的見解），但將它納入自己的思維體系中，就成了自己思維不可分割的一部分。

所有底層思維的模式——歸納、演繹、開放、獨立中，最重要的是四個字：不破不立。很多人的思維模式從來不想改變。隨著年齡的增長，「硬體」不斷老化，如果「軟體」不升級，時間久了就被淘汰。在很多書中，「複利思維」、「概率思維」、「灰度思維」…等思維方法都被稱為底層思維。但在我看來，它們並不夠底層，頂多算是「作業系統上的應用」，就像歸納或者開放吸收後形成的一個個壓縮檔。這樣的思維方法隨隨便便都能列舉幾十條，但貪多嚼不爛。如同手機應用程式不是越多越好，思維方法也不是使用得越多越好。

　　我曾經花很大力氣去蒐集「思維方法大全」，裡頭的思維方法有上百個，你可以廣泛了解並試用它們，但到最後會發現，好用的就那麼幾個，常用的也就那麼幾個而已。其實最關鍵的不是懂多少種思維方法，而是找到是最適合自己的那些，並將它們運用得爐火純青。

―――――

【註】
「猜疑鏈」、「技術爆炸」皆出自於中國科幻小說《三體》。

「猜疑鏈」：
一個文明無法判斷另一個文明對自己是善意或惡意的；
一個文明無法判斷另一個文明認為自己是善意或惡意的；
一個文明無法判斷另一個文明判斷自己對她是善意或惡意的；
一個文明不能判斷另一個文明是善文明還是惡文明；
一個文明不能判斷另一個文明是否會對本文明發起攻擊。

「技術爆炸」：
文明進步的速度和加速度不見得是一致的，弱小的文明很可能在短時間內超越強大的文明。

2 建立框架性思維——打造思維圖書館

> 任何事情都可以歸納出中心論點，中心論點可由三至七個論點依據支撐，每個一級論點又可以衍生出其他的分論點。

在本節裡，將介紹對我而言最重要的底層思維方法：「框架性思維」。這種思維是結構化思維的升級版。結構化思維強調的是過程，所有的事情都是可以分解的。《金字塔原理》提到，任何事情可以歸納出中心論點，中心論點可由三至七個論點依據支撐，每個一級論點又可以衍生出其他的分論點。這就是典型的結構化思維，把所有的事情進行拆解。

在具體的思維方法上，框架性思維與此類似，都是需要對問題進行拆解。但框架性思維更強調結果，不是拆解成各種結構後就結束了，而是將拆解後得到的東西分門別類裝入自己的思維框架中，這就是你個人的「思維圖書館」。

一個好的圖書館，一定有涉及各領域的藏書和檢索系統，既包羅萬象又分佈清晰。無論你何時要用到哪本書，都能透過清楚的路徑找到它。框架性思維也是如此，一定要讓自己所有的思維都變成體系化的東西，而不是今天看到別人講底層思維，就覺得這個好、學到新東西了，但不知道今後如何運用；明天看到一篇文章講如何「識人」，何

「識人」，覺得講得很深刻、很打動你，但很可能等到真正要用這個模式的時候，你早已想不起來怎麼進行。

當你開始嘗試把思維體系框架化之後，所有的思維方法、觀點、道理都可以放進相對應的框架裡，便於記憶儲存。更重要的是，在需要的時候能夠快速取用。

每個人的「思維圖書館」都不一樣。比如我前面提到的心法、內功、招式，分別對應的是「底層思維層面」、「經驗教訓層面」和「實踐應用層面」。另外還有一些框架，比如「認識層次」可分為三層：認識世界（階層、歷史、現實）、認識他人（識人、人際交往）、認識自己（情緒、自控）。其重點是你要找到一個框架，把所有思考的、接收的那些你覺得有價值的觀點和思維方法都裝到這個框架系統裡，這樣今後面對所有問題時就知道如何做了。但如果你遇到了一個東西不能裝進你的框架裡，說明你的這個框架體系需要拓展提升層次了。**總之，不要讓自己的思考和想法漫無目的地隨波逐流，而是要有清晰邏輯，抓得住本質和關鍵。**

下面總結幾種方法，有助於你建立起框架思維的基礎，是最實用的鍛煉方法。

方法一、先說結論：

在任何場合下，只要有讓你發言的機會，盡量先說結論，然後用三點理由去支撐它（除了演講、相聲這類需要把結論留在最後揭曉的特殊場合之外）。舉例來說：我覺得90後的經濟壓力很大（結論）。原因有三：一是等到他們畢業的時候，房價已經很高了，再怎麼努力也很難在短時間內解決付頭期款的問題；二是現在各行各業的壓力都很

大，工作收入提升比之前難；三是各種誘惑變多，信用卡、先用後付都在想方設法誘惑年輕人花錢⋯等。

學會這種方法後，關鍵是應用。一定要習慣於在各種場合談論觀點時先說結論。如何才能讓這三點原因確實支撐起前面的結論呢？這時就需要第二種訓練法。

方法二、MECE原則：

也就是Mutually Exclusive Collective Exhaustive（MECE），意指相互窮盡、不重疊、完全包括、不遺漏意思的論述法。用前面的例子來講，就是你找的所有支撐內容，一是盡量找齊，無論是直接的、間接的、正相關還是負相關，總之覺得有用的都列上；二是這些內容之間相互不交叉，比方我講到90後買房壓力大，就不要講他們首付壓力大，可以合併說；三是上一級內容要完全包括下一級內容，你要論述的是90後經濟壓力大，後面的原因裡就不能講到00後去；四是你要講經濟壓力大，就要從現金流到存款、貸款、從收入到支出，方方面面都考慮到而且不遺漏。

用MECE原則進行思考的最好方法就是：整頓腦袋中的資料夾或「我的最愛」。看看怎樣整理最精煉、最簡單，但又能最清楚地把所有的檔案和收藏的內容整合到幾個資料夾、我的最愛裡。但要確保上一層次一定要包括下一層次的內容，同一層次之間不能交叉、重複。

方法三、畫思維地圖：

之前我們講到打造自己的思維圖書館，從這裡面去連接、觸發每個思維結構的路徑，也就是你的思維地圖。常用的一些思維導圖軟體裡面提供了STAR法則（背景、目標、行動、結果）、SWOT法則（優

勢、劣勢、機會、威脅）以及時間軸、魚骨圖…等很多模型。你用這些模型去說明思考的過程，就是去發現自己最喜歡、最擅長的思維地圖的過程。如果你不喜歡用軟體，用一張白紙畫也可以。圖形化是最容易被我們大腦學習和理解的方式。

遇到新問題，不要著急解決，拿一張白紙，好好想想引起這個問題的原因可能有哪些，你現在面臨的處境是什麼？你有哪些資源、哪些方法可以幫助解決問題？處理時才會有條有理、明快簡潔。

類似這樣的方法還有很多。比如我有一個獨家法則，遇到任何一個問題，都要堅持至少問五次「所以呢？」、「然後呢？」幫助自己把當下遇到的問題分解成五層。

「我今天遲到了」→「所以呢？」
「我遲到是因為沒趕上地鐵」→「所以呢？」
「沒趕上是因為地鐵人太多了，擠不上去」→「所以呢？」
「擠不上去是因為怕弄壞了特地化好的妝」→「所以呢？」
「其實是我化妝的時間太長了，沒有提早出門」

上面只是舉例，在現實中不一定會發生。但就像我之前說過的，方法不在乎多少，把常用的幾個練到爐火純青就可以了。所以，大家可以去找適合自己的、修煉框架性思維的好方法，然後勤於練習和分享。最終的目的，是要幫助你自己打造思維圖書館。

我曾寫過一篇文章，討論為什麼有些人懂得很多道理還是過不好這一生。因為道理都是概念，而不是知識。你懂得再多的概念，都是空中樓閣，但現實世界裡有很多事情是需要扎實學習、獲得知識才能

完成的。

　　舉個最簡單的例子，數字可以加乘，是個概念，但你要想知道乘法怎麼做，不能只知概念，得學習九九乘法表，並且實際練習運算。人的思維也一樣。你學會了很多厲害的思維方法，建立起了自己的思維圖書館，書架整齊地擺好了，但如果沒有書本去填充每一格，這個書架充其量只是個空架子而已。

　　思維和知識永遠是交替升級、相輔相成的東西。千萬不要沉浸在思維的世界裡，而忽略了對知識的學習。

3 最矛盾的兩種思維——
大路思維與長板思維

水大魚大的意思是，先有大水，才有大魚。

　　我在前兩節花了很多篇幅介紹「底層思維」，這一節要分享具體的思維方法，都是我反覆使用過，而且確實為我的生活和工作帶來了極大變化。它們看似矛盾，但其實內在邏輯上是融洽的。

　　先說「大路思維」。《老子》說：「大道甚夷，而民好徑」。意思是大路才是真正寬敞明亮的，但好多人喜歡走小路，覺得更方便。看起來走大路是隨大流，走小路是走捷徑，但實際上，走捷徑是危險的。就像爬山時，捷徑永遠都是人跡罕至的懸崖峭壁。走捷徑意味著你能接收到的資訊更少，容易走進死胡同。而走大路，看似競爭的人很多，實則越走越寬，越走越光明。除非有機會在某條小路上成為真正的領頭羊，否則走大路，其實是對大部分人最有利的選擇。

　　一萬個人競爭一千個職缺，和十個人競爭兩個職缺，我寧願選前者。看起來比例小，實際上選擇空間大得多，因為池子越小，水越容易渾。以投資來說，如果你不是技藝超群，買股票的時候永遠不要投機，也不要借錢，一般的投資失利最多虧掉本金，還不致於被斷頭後失去所有財產。同樣，如果不是把握十足，也不要裸辭，一旦失去從容篩選的機會後，你很難做出優質決策。無論走什麼路，都盡量給自

己預留A、B兩種方案，因為「一條路走到黑」，很可能真的走著走著就黑了，變成死路一條；另外，下決定時也不要太猛而過載運轉，給隨時可能出現的新挑戰留一些應對的餘地。

一說到「走大路」，很多人就直接聯想到：那就是隨波逐流、不懂得堅持吧？實際上我所說的「大路思維」著重於「做選擇」時該有的思維模式。當你對「小道消息」掌握不確切不充分時，儘量選擇已驗證過的方案。比如：升學選科系時，不要報名冷門且不熟悉的系；開店選地的時候，不要找一般人很難去得了的地方…等。當然，也有人做了常人無法理解的選擇，最後竟然成功的故事，但那是少數中的少數，你要留意，那樣的故事背後很可能是倖存者偏差，別以這樣的例子獨下判斷，衝動選擇走小路、走窄路。

水大魚大的意思是：「先有大水，才有大魚」。

再來說「長板思維」。它顛覆了「木桶理論」的思維方式。以往我們受的教育大多是：一個桶裝水的容量是由最短的木板決定的。所以，你要提升自己的短板，也就是修正弱點，追求完美；但我認為，一昧追求修正弱點的結果往往是四個字：「全面平庸」。這個時代早已不是什麼都要會一點的時代了，反倒是你只要有一個方面特別強，就可以過得很好。

任正非有一次專門講到這個長板思維，原話如下：「我這一生最典型的就是短板不行……短板我不管了，我就只做我擅長的這塊板，去拼別人的長板，拼起來不就是一個高桶了嗎？為什麼要自己變成一個完美的人呢？我說完美的人就是沒用的人。人有缺點，才可值得好好觀察一下，在哪方面可以重用他一下」

長板思維的核心在於：在你擅長的領域深掘，而且挖得越深越好。所謂的專業精神，不是指你學了多少種專業，而是能在一處鑽研很深。在許多領域都淺嘗輒止的人，不能稱為佼佼者、個中翹楚、頂尖權威，因為「抓而不緊」等於不抓。人生就像挖井，只有挖到一定深度，才可能看到成功的源泉。一個地方挖通了，才更有可能在其他地方挖到水。把你最擅長的部分做好，其他地方不要有太明顯的硬傷就行。至於其他方面有缺陷的話，就慢慢修改。

我之所以要把「大路思維」和「長板思維」放一起講，是因為我發現很多人容易進入思維的誤區，總覺得大路思維就是隨大流、多嘗試，而長板思維又要求對準一個點用力，好像這兩個思維完全相反。但我認為，它們是相輔相成的一對思維模式。**大路思維是戰略選擇思維、長板思維是戰術執行思維。在戰略上要選擇那些存在更多機會的、已被驗證過的成熟模式；但只要明確了戰略方向，就要在戰術上孤注一擲。**這兩種思維模式結合起來，就是儘量選擇你擁有「撒手鐧」的成熟賽道來努力，最好「一套戰法打天下」。只要結果證明它是可行的，那就堅定不移地執行下去。千萬別在能夠利用長板的時候猶豫不決，出現能發揮長處的機會，那就一定要抓住，否則錯過時機，「撒手鐧」就可能失效了。

總結，將這兩種思維結合起來，儘量「走大路」，走前人已經走過的路，廣泛吸取前人的經驗和教訓；同時持續打造自己的「撒手鐧」，幫助自己在已經選好的這條大道上走得更快，二是讓自己具備隨時轉向的能力。

4 最實用的兩種思維——
正向思維與剃刀法則

簡單往往就是快樂的源泉，但要簡單卻很難。

我曾經和不少事業成功的人交流，試圖去總結他們的共同點，想要抽絲剝繭、提綱挈領地找出一些普世性方法，但發現真的很難。不過，透過大量交流與分析，還是整理出成功人士經驗的一些共同點，其中的一點讓我感觸十分深刻，那就是：「他們始終對自己過去的每一段經歷充滿感恩」。

我以前公司的老闆曾說，60年代的坎坷經歷對他的成長發展影響深遠。而另一位非常有魅力的年輕主管，當年受人排擠，去了一個邊緣部門，一待就是十年，後來被重新重用，每次回憶起他那十年，居然沒有一點抱怨的樣子，反而充滿感情……。

我曾苦苦思索，為什麼他們都會對過去的經歷有這種感覺，這到底代表了什麼樣的特質和為人處事的方法？直到有一天，我豁然開朗，這根本不是什麼做事的具體方法，而是一種很厲害的心法，也就是接下來要分享的思維模式——正向思維：永遠對自己經歷的事情和遇到的問題保持正向思考。這裡面包含了三個基本方法論。

方法論一、用正向思維看待過去：

很多人之所以過得不好，是因為總沉浸在對過去的追悔和懊惱中，要嘛不甘心，要嘛不放手。過去已經永遠是過去了，它無法影響你的未來。真正影響你未來的，是你當下的想法和行動。不管過去走的是近道、小路、彎路還是回頭路，都是你走過的唯一的路。正向看待那些路，那些路就不會影響你。

這種心法最厲害之處，就是能使自己處於一種積極向上、勇往直前的精神境界。想像一下，如果你對過去的失敗總是充滿悲觀、避而不談，如果再遇到類似的挫折時，會不會更加宿命論、更加缺乏面對困難和解決問題的勇氣？若你換個思路，把過去的每段經歷都當成修行，再大的困難都不會打倒你，你反而會從這種不利的環境裡汲取了力量、得到了提升，那還有什麼東西能阻擋你的腳步？如果現今條件和環境都能適應，你豈不是會發展得更好？

方法論二、用正向思維看待未來：

即使現在你正經歷著種種煎熬、痛苦，也要嘗試站在「經歷這過程後的結果」看自己。試著想像一下，未來的某一天，你會感謝這段經歷，那麼你會感謝這段經歷中的什麼呢？

比如，我工作初期曾經遇到一個嚴厲的主管，他對人極為苛刻，動不動就訓人、叱責人，而且永遠用猜疑的心態來對待下屬。說實話，跟他工作的每一天都很煎熬，恨不得罵他一頓，然後瀟灑地辭職。但這樣衝動的後果一定是我難以承受的。

我嘗試想像：幾年後我會如何正向地看待這段經歷？直到最後終於找到了一個點。那就是，我至少從他身上學到了一個重要的經驗：身為團隊的領導者一定不能這麼當。從那以後，我每天觀察他是怎麼

55

待人、做事、管理下屬的，為自己今後從事管理職先累積經驗——所有他做的讓我不舒服的事，都是我今後要極力避免的地方。

轉念用這樣的思維來看待所處環境後，我發現那段日子似乎也沒有那麼難熬了。事實也證明，因為管理能力有問題，這個主管過沒多久就被調走了。但如果我自己沒有調整思維，那段日子裡堅持不下去的可能變成我自己。

方法論三、所有的「危」裡都藏著「機」，學會轉危為安，更要化危為機：

關於「危機」這件事，這幾年典型的案例就是華為被制裁。按照常規的思維來理解，這簡直可以算是華為的「滅頂之災」，好像華為已經到了最危險的時候。但任正非不這麼看，他在接受採訪時明確說，他不覺得華為現在很危險，相反地覺得華為現在特別好。什麼時候華為反而最危險呢？就是前幾年形勢一片大好，華為人的收入高而培養出一大批「財務自由」的人，鬆懈懶散、享樂的風氣開始在公司內蔓延的時候，那才是華為最危險的時候。

正因為外國的打壓，為華為帶來了至少四個機會：一是全體華為人重新警醒並團結起來。看看現在華為人的工作狀態，齊心奮發向上。二是所有人都認清了核心技術一定要自己研發。既然幻想破滅了，也就不用再花精力、費口舌去統一思想，之前作為「備胎」的晶片和作業系統就可以提前進行了，同時倒逼著華為在USB、記憶卡…等各個子系統上加快自主創新的步伐。三是相當於免費幫華為做廣告，現在全世界都知道華為的5G技術最先進。之後幾十個國家的多筆訂單證明了這個免費廣告的價值。四是給所有國人上了一堂最生動的教育課，讓我們明白了強大的國家對人民的重要性。

面對最大的危機，你得換個思路處理，就可能迎來最大的機會。**如果你只按照「危」去處理，容易手忙腳亂、疲於應對，但若按照「機」去處理，就可能主動出擊、借勢佈局。**人生中的很多問題同樣如此。秉持正向思維法則的人，永遠不怕臨時出現什麼大的變動，因為沒有變化意味著一潭死水，激烈的矛盾背後往往蘊藏著大的機會。

我分析的「正向思維」和許多文章裡常說的「不抱怨」看起來是同一回事，但並非如此。不抱怨只是一種態度，你甚至可能會因為逆來順受、忍辱負重而不抱怨。但正向思維是一種科學的思維方法，不是簡單的自我麻醉、自我洗腦說：「我忍忍就好了」；而是用理性思維去分析，包括發現一件事、一個問題，甚至一個人身上能讓你獲得進步和發展的點。這是需要你細緻觀察、反覆思考之後才能得到的東西。

這種思維模式說來容易，應用卻很難。最好的方法是搭配使用哲學家奧卡姆的威廉（William of Ockham/Occam，約1285—1349年）提出的「剃刀法則」。這種法則可以有效地幫助你更好地將思維固定在「正向」上。**剃刀法則的核心是「如無必要，勿增實體」**，其應用也很廣泛，從科學推演到工作習慣甚至收納整理。應用剃刀法則的核心方法有三條：

一、快速清理「無助於解決事情」的負面情緒：

很很多人遇到事情，第一時間先產生負面情緒，比如憤怒、消極，或產生大量無法證實的猜測和想法而患得患失。所有這些混雜想法都會對正向思維的建立產生嚴重阻礙。

一旦意識到自己陷入了消極、猜疑的狀態中，就及時啟用「剃刀法則」，果斷逼迫自己將這些負面情緒、不必要的想法從大腦中排

除，只留下有利於解決問題的想法。想像自己拿著一把鋒利的剃刀，審視自己大腦中紛繁複雜的想法、念頭，一旦冒出一個負面念頭，就毫不留情地一刀剃下，避免生根。

二、做事不要有太多的顧慮，特別是年輕人：

叔本華說過一番話：「對一個年輕人來說，如果他很早就洞察人事、諳於世故，如果他很快就懂得如何與人交往、周旋且胸有成竹地步入社會，那麼不論從理智或道德的角度來考慮，這都是不好的現象。這預示著他的本性平庸」。

本書的第十章將談論「目標管理」，裡面提到的終局目標，需要付出極大的心力，保持旺盛的鬥志和勇往直前的決心才能完成。很多事怕就怕在執行過程中不斷給自己施加外在的影響，導致瞻前顧後、過度擔憂焦慮。

但我的意思並非不要全面思考，包含完成目標所需安排的資源、資訊和支援都是必要的，否則後面的推進會非常困難。這裡說的不要顧慮太多，是指那些額外的、完全沒必要的，比如他人的看法、自己對失敗的擔憂或幻想成功後的得意…等。人一旦有了不切實際的預期，就很容易「晚上想走千條路，早上起來走原路」。一旦達不到預期，人的憤怒、沮喪，負面情緒就上來了。

三、減少生活中不必要的干擾：

我一直覺得，生活本身就是製造煩惱的發動機。你讓自己的生活充滿了負荷和喧囂，背負了太多的感情、關係和瑣事，很難進行正向思考。壓縮不必要的應酬，減少沒必要的爭端，少去關心人家的八卦，少議論他人的事情；多關心自己的情緒、狀態，多把時間和精力

集中在對自己更有價值的事情上，這樣你的負面情緒、負面想法可能會少很多。

　　簡單就是快樂的源泉。但要做到簡單卻很難，試試「剃刀法則」，全面梳理一下自己生活中那些佔據時間、精力的事情，看看到底哪一些是完全不需要的，哪一些是可以減掉的。斷捨離之後，留下的才是清爽的人生。

5 最具創造力的兩種思維——
火花思維與長線思維

> 隨便找個地方，挖兩鋤就能找到出水井的
> 時代結束了。你需要在相當長的時間裡，
> 嘗試用鋤頭挖它一百下。

這兩種思維方法，是我用來進行深度思考，幫我弄清楚很多問題、梳理清楚很多戰略步驟的好方法，也是給我的人生帶來巨大改變的方法。

一、火花思維：

如果我們倒過來理解，火花思維的成果其實就是產生思維的火花，也就是一念之間、猛然間、突然有的一個念頭、想法、解決方法。比如，我一開始做社群的時候，社群的定位和名字遲遲無法定案，我想了很多方案，直到有一天，突然想到了一個詞：爆發。於是，最早的社群就有了「爆發式成長營」這個比較特別的名字，以及與之相對應的社群定位：體系化的輸出與成長相關的高品質知識精華。

火花是長時間思考後的結晶，是人類思維體系中的皇冠，是皇冠上的明珠。我們描述這種靈感出現時的場景叫靈光一現或福至心靈，就像天邊劃過的流星、黑暗中偶然劃亮的火柴，可遇而不可求。但許多科學上的重大發現以及人生中的重大轉折，可能就出現在一念之間。而我自己多年來對於火花思維的思考，則分為三個：

　　第一個，火花式的思維可以訓練，思維的火花也可以有意識地製造出來。我們的大腦就像個「黑箱」，人類至今也沒有研究透徹它的運轉原理，但並不影響我們使用它、利用它、影響它。火花思維同樣符合「黑箱原理」。我們不用管思維火花是如何產生的，只需要去總結歸納能讓它產生的方法就行。

　　你不知道思維火花產生的原理，但可以製造讓它產生的條件，比如大量的資訊刺激。最典型的例子就是很多寫稿的人都會在動筆前大量閱讀相關文章和資料，除了找素材，也是刺激自己產生足夠有份量的點子。反之，如果在一段時間裡感覺思維枯竭，怎麼也沒有想法，那代表你該去讀讀書了。

　　又如，保持身體放鬆，好讓大腦比較活躍。這種狀態因人而異，但大致上就像一個人散步的時候；晚上迎著微風騎自行車的時候；邊洗澡邊哼歌的時候；睡覺前胡思亂想的時候；旅行時躺在湖邊、海邊、河邊的椅子上喝茶的時候。在身體放鬆而大腦活躍的當下，最有可能產生不可思議的想法。但我們往往相反，在有意無意間反向操作，也就是在身體最疲乏、大腦最不活躍時逼自己想方案、解題、寫東西，效率之低可想而知。如何在保持身體放鬆的同時還讓大腦活躍呢？除了日常多進行一些刻意訓練外，有意識讓自己在放鬆的狀態下嘗試思考也很重要，最好的方法是學習冥想，幫助身體放鬆，並引導、控制自己的大腦和思維。

　　又或者，嘗試沉浸式體驗。經常寫文章的我偶爾也會出現完全沒靈感、寫文乾巴巴的情況。當感到思維枯竭的時候，我會去看一場電影或者酣暢淋漓地打一場球⋯讓自己完全地沉浸在放鬆的海洋中，這時再稍加一些外在的刺激，放點音樂、看些文字，自然就會產生寫作慾望，很

多新奇的觀點和金句也不斷湧現。

第二個，思維的火花稍縱即逝，沒記住等於沒產生。火花式思維的最大特點，就是它產生的時機往往出現在你沒打算讓它出現的地方，產生於你最不想去記錄的時候，如洗澡、睡覺前⋯⋯然後你就會心存僥倖，想說等找到合適的地方、等睡醒就記下來。別高估了你的記憶能力，等那個時間一過，無論再努力都只能回憶起「剛才好像想到了一個點子」這件事，但關於點子的內容，卻完全記不起來。

在無數次經歷這種想回憶卻又回憶不起來的事情後，我終於下定決心，每次想到好的點子都要記錄，隨時隨地帶筆記本和筆，也準備手機記事，隨想隨記。尤其在睡覺前，如果產生了什麼思維火花，哪怕我馬上要睡著了，也要爬起來記下。我現在寫出的文字、一些獨闢蹊徑的觀點，很多都是這麼一點一滴記錄下來的。

第三個，火花思維的產物雖然亮眼，但不一定可靠，一定要驗證。靈光乍現產生的想法、點子，很多時候都讓人感覺非常激動，有時甚至覺得要是這個想法能實現，下一個成功人士就是自己了。結合我前面說的，這種思維火花經常出現在睡覺前。睡覺前，大腦一般都很活躍，容易產生很多「感覺可以改變世界」的想法，但現實是：這裡面可能大部分的想法都是無效的。就算想得再好，只要檢驗一下就立馬知道到底可不可靠了。

舉個真實例子。在做知識星球社群的期間，我在路邊等車時想到了一個自以為絕妙的點子。因為當時整個社群的體系已經想清楚了，剩下的就是督促大家一步步按照規劃實際執行。但怎樣才能做到呢？我想了很久，突然想到做健身App，藉由分析人的身體狀態，量身打

造具體的健身計劃，然後督促你按天、按月完成，只要堅持，半年內一定能看到自己的改變。當時我想，我們為什麼不能按照這個思路為社群量身打造一款App或者小程式呢？將自我改變的東西流程化、量化，幫大家選擇合適的成長進階路線，然後陪大家完成每天任務，最終實現個人的「爆發式成長」。

這個想法有幾個特點：一是操作性比較強，健身App的核心在於訓練計劃和內容，本來這是個人成長類App最難的一塊，因為很難量化，但我們已經有了很好的基礎，於是在設計App的過程中，我們得以進一步打磨各板塊的優質內容；同時用這個App輔助社群的學習和進步，讓社群品質更上一階；此外，使用者們又能促使App蒐集到的資料內容變活躍。當下想到這個一舉多得又貼合實際的想法，我就激動得不得了，當下立刻打電話聯繫相關人士。

接下來的幾天裡，我和一些在互聯網公司做產品的、開發App程式的技術人員，分別進行了非常細緻的溝通。我按照預想的思路，努力完善相關需求，推動資源整合。但一週後，我卻不得不放棄，因為想法雖好，但落實很難。把這想法轉化為能為使用者真正帶來價值的產品，再轉化為設計師和程式師可以去開發的具體需求，的確太難了。

這件事至今仍是我心裡的一個遺憾。思維的火花雖然好，但並不好做，有時候可能就是「想像中的美好」。互聯網時代的一個「好點子」遠不及一個能真正落地的普通想法有用。所以，當你產生了某種讓你激動半天的思維火花，一定要想辦法去檢驗、去印證、去拓展，藉由和別人共同討論、調整，變成一個真正可以實現的方案、一個可執行的計劃、一個信得過的報告。

二、長線思維：

除了上述方法，還有一種思維模式也可配合火花思維使用，那就是「長線思維」。幫助你產生具有創造價值的想法，也就是放長線才能釣大魚。**許多重要的判斷、抉擇和考慮，都不是一時半刻的思考和準備就可以定下來的。它們需要放在一個很長的時間段裡（有時甚至好幾年），下沉到潛意識裡慢慢醞釀。**

我原本以為，這是很常見的思維方法，直到跟別人多次交流分享時，我發現聽到的人大都面露難色，後來才知道這種思維模式對很多人而言並不適用。在「短平快」的時代裡，人們習慣了什麼東西都是「我想要的，現在就要」，這八個字可概括大部分人的思維特性。所有短時間內不能實現或見不到成效的事情，一段時間之後都可能會被徹底遺忘。這種缺乏長期、深度思考的人生，造成了大部分人當前的困境，但想突破生活的平庸，除了貴人提攜，也只能靠自己長時間嘗試「單點突破」了。

中國改革開放四十多年，我們的社會也進入了新常態，那種只要膽子大，隨隨便便就能一夜暴富的事情，已經很難再出現了（即使有，也是極少數）。隨便找個地方挖兩鋤就能找到出水井的時代結束了，現在很多井可能都需要你花相當長的時間用鋤頭挖它一百下。但我和很多文章裡說的不一樣，我發現很多人不是輸在挖了九十九鋤的地方，而是輸在了前三鋤。挖完第三鋤，第四鋤等等再挖，然後就徹底不想挖，或者忘了挖了。

當然，持續在一個方向上投入，會涉及成本問題。誰都不可能要求你為一件不知道是否能實現的事付出太多代價。我現在說的長線思維，是一種幾乎沒有成本的方法，因為它需要付出的只是你的思考。你不需

要為你想做的某件事真的付出太多行動，**但要持續不斷地完善資訊，沒事就琢磨它、豐富它，遇到相關的人就聊兩句，看到相關資料就抄寫下來，把它們放到心裡、潛意識裡，經常「訓練」它們，餵點養分。** 也許很多時候，這種思考是無效的、看似沒什麼用的，但只要你沒有把它徹底忘掉，長期思考後就可能從中產生思維火花，然後把這個火花摘取下來，從這裡繼續破題、校對及驗證、完善、拓展，如此，星星之火仍可以燎原，一個創業項目很可能就這樣產生了。

自從我工作以來，許多重要的工作專案都是靠這種方法做出亮點來的。有了一個想法，不著急，放在底層慢慢思考醞釀，直到突然找到了那個關鍵的突破點，然後集中精力、飽和式投入，就可能在短時間內突破一個點、一個面，最後變成一個大的事業。

前面提到的那個App程式，你們以為我現在忘了嗎？不，在我的潛意識裡仍運行著，我還在不斷思考、優化、改進，不斷蒐集相關資料。很可能，在不久的將來，它就真的會換個樣子出現在大家眼前了。

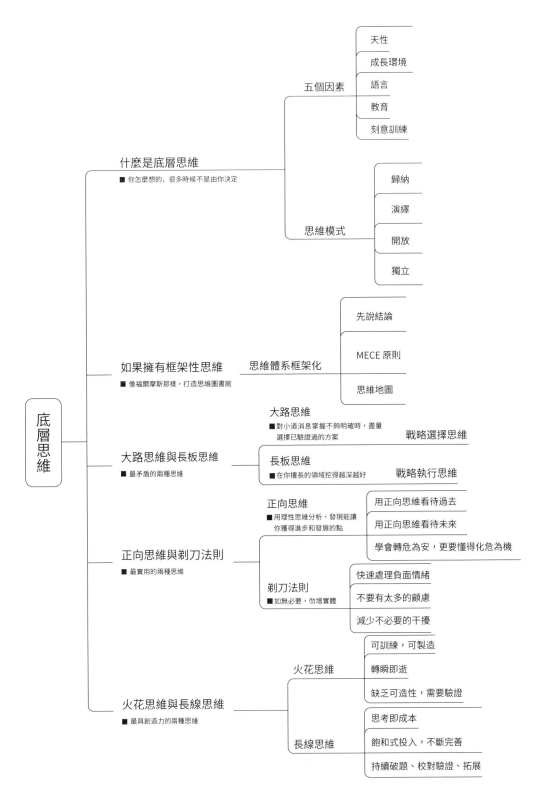

底層思維

什麼是底層思維
■ 你怎麼想的，很多時候不是由你決定

五個因素
天性
成長環境
語言
教育
刻意訓練

思維模式
歸納
演繹
開放
獨立

如果擁有框架性思維
■ 像福爾摩斯那樣，打造思維圖書館

思維體系框架化
先說結論
MECE 原則
思維地圖

大路思維與長板思維
■ 最矛盾的兩種思維

大路思維
■ 對小道消息掌握不夠明確時，盡量選擇已驗證過的方案
戰略選擇思維

長板思維
■ 在你擅長的領域挖得越深越好
戰略執行思維

正向思維與剃刀法則
■ 最實用的兩種思維

正向思維
■ 用理性思維分析，發現能讓你獲得進步和發展的點
用正向思維看待過去
用正向思維看待未來
學會轉危為安，更要懂得化危為機

剃刀法則
■ 如無必要，勿增實體
快速處理負面情緒
不要有太多的顧慮
減少不必要的干擾

火花思維與長線思維
■ 最具創造力的兩種思維

火花思維
可訓練，可製造
轉瞬即逝
缺乏可造性，需要驗證

長線思維
思考即成本
飽和式投入，不斷完善
持續破題、校對驗證、拓展

第三章

格局認知

再大的餅，
大不過烙它的鍋

「我用盡了全力，過著平凡的一生」

——威廉・薩默塞特・毛姆《月亮與六便士》

1 什麼是格局——面對問題的三個度

什麼是格局？看問題的高度、分析問題的深度，以及解決問題的法度。

有人問，為什麼要講格局，格局有什麼用？我覺得，格局就是典型的「無用之用」。它既不能直接幫人賺錢，也不算什麼技能，格局高了，生活會有什麼改變也很難直觀地看出來。但是，一個人的格局，終究會透過他的為人處世、他的胸襟抱負、他的談吐追求體現出來。

剛出生的時候，決定我們每個人上限的東西叫作「天賦」。成年以後，決定我們一生「天花板」的東西，應該就是「格局」。格局是什麼？是一個人看問題的高度、分析問題的深度，以及解決問題的法度。那為什麼重要？因為格局最大的作用在於——在潛移默化中決定你的所有重大選擇。

大家都對「格局」這個詞非常熟悉，但真要細講，又很難定義，但重要的不是定義，而是怎麼理解。你理解格局的過程，就是你展現自我格局和慢慢打開格局修煉之門的過程。而「格局」是需要深刻理解才能觸碰到本質的東西，一旦思維和認知都升級了，格局自然提升。從簡單地知道一個東西→了解它基本的定義→認識它的內涵外延、歷史沿革、縱橫對比→思考如何運用它，並且總結經驗教訓，這是一個個不斷螺旋上升的閉環過程。就像玩遊戲升級一樣，除了戰鬥力提升，你對遊戲的理解、對玩法的熟悉度也都在加深。

　　格局大的人，看問題總是站在更全面的視角，不會簡單地鑽牛角尖；他們分析問題會觸及本質，不是淺陋的「因為、所以」；解決問題的時候會深思熟慮，謀定後動，而不是粗暴地、不管三七二十一就行事。而貫穿這一切的就是人們的思維方式。「格局」的本質是一整套思維體系的整合。它是人們從小到大，有意識或無意識形成的思維集合。在本章中，我將說明自己認識和理解格局的完整過程，好讓大家有更直觀的認識與對照反思。

第一、一個人的格局首先反映在如何歸納原因：

　　歸納原因就是對於人的行為和社會現象去推測原因的過程。天打雷了，這是雷公生氣了→這是古代人的歸因。其實天打雷了，是因為帶電雲層碰撞後的放電現象→這是現代人的歸因。人直立行走、意識覺醒後，發生的最本質的進化之一就是學會解釋世界。學會歸因幾乎是人們與生俱來的本能。不管是人們看到的，還是發生在人們身上的事情和現象，只要人們願意，都可以給它找一個理由或者原因。但不同的人歸因的結果完全不一樣。正確的歸因絕不能只靠自覺或單線思考。

　　大部分人在學生時代都談不上有什麼格局，主因是大家在歸因上只會「線性思維」，例如總覺得只要自己努力就會得到回報，自己又沒做錯什麼，憑什麼有人要針對我，像「只有⋯才」或「只要⋯就」之類的固定搭配，都是為這樣的思維準備的。

　　然而，真實社會絕不是這樣，許多事情之間沒有因果性，只有可能的相關性。工作上一件很難推動的事情突然有了轉機，可能跟你最近的努力無關，也不是量變引起質變，或許只是哪個主管過問了一下；千辛萬苦寫的稿子被主管要求重寫，可能與你的文筆、遣詞造句也都沒關係，只是因為和最新的需求不符；在一項新工作上，同事不

願配合你，搞不好不是你不懂交際或者同事心眼小，很可能在任務分配上原本就有問題。

在職場裡，幾乎沒有什麼事情是單一處理就能直接解決的，因為很多時候是一環扣一環，必須用多個角度周延思考。如果跳不出線性思維的框架，**你就很難清晰地看到自己所處的位置，更難想明白一件事的真正本質。你怎麼歸納原因，決定了你怎麼去認識社會、他人、自我以及這個世界**。別把細節問題上升到原則問題，但也不要把失敗或挫折全部合理化，歸咎他人或命運。

你越是習慣這樣去簡單歸因，你的心態就會越來越負面，所能看到的世界也就越來越小。這中間的「度」如何把握？我有個方法，就是當你不知道如何歸因的時候，按照「環境」、「他人」、「自我」這三個層次分別找到三個相關的因素。舉例來說：

Q 從環境背景來看，是什麼因素造成了這件事？
Q 從他人的角度來看，是什麼原因造成了這件事？
Q 從自己的角度來看，為什麼會發生這件事？

再根據你的理解進行排序：這件事、這個問題的產生到底主要是環境的原因、他人的原因還是自己的原因？注意其中兩點：一是把這個排序記錄下來，隔一段時間再看是否會有變化；二是將整個事情和你分析出來的因素，講給信任的人聽，讓他也做一個排序。對比看看，你們的歸因和認知有什麼不同，避免落入自己的窠臼之中。

一個格局大的人，在分析重大問題時，一定會採取多種思路進行歸因。即使他最終得出引起某件事的結論只有一個，也是因為他曾經

思考了其他九十九種可能後，最終確定下來這是唯一的結論。此外，自我剖析其實也是歸因的一種訓練方式。所以我才會以「自我剖析」為本書開端，因為如何看待過去和現在的你，以及如何分析是什麼造成了你的失意，或成就了你的成功，這是一個人思維體系裡最基本的東西。

第二、格局大小反映在追求的目標上：

很多人在社會中打滾久了，都學會把自己真實的追求藏起來，因為怕被人打擊、也怕被人嘲笑，所以只能看似雲淡風輕地笑笑說：「我沒追求什麼」。但事實上，你有沒有追求、你的追求有多大，只有你的內心最清楚。

在這個世界上，我最服兩種人，也最怕兩種人：不圖小利者、能忍大辱者。說實話，這兩種人的心態可以用延遲滿足、情緒控制來分析，但我覺得，真正讓他們做到這兩點的根本原因在於：他們有更高的追求。

尼采有句名言：「一個人知道自己為什麼而活，就可以忍受任何一種生活」。 正所謂「不圖小利，必有大謀」、「小不忍則亂大謀」，「大謀」就是你的目標，以及為了實現目標必須做的一些策略、手段和計劃。這也是為什麼在「目標管理」篇章，我反覆讓大家訂目標，因為這是對一個人的人生而言最提綱挈領的東西。有了目標，無論自律也好，情緒管理也罷，你在這些方面的能力都會相對提升。

而人生的真正追求不是憑空產生，也不是隨隨便便就想出來的。**它應該從自我分析而來：我究竟想要什麼？我覺得能做什麼？我現在擁有什麼？而這三者之間的交會點才是你真正追求的。**

2 人生與價值觀——
君以此始，必以此終

> 一個大格局的價值觀，一定是能影響很多人，
> 讓很多人發自內心產生認同的價值觀。

人生在世，很多人為了名和利奮鬥。這並沒有什麼不好，我在之前出的書裡寫過：「年輕的時候很窮，大大方方承認沒錢，光明正大去想辦法賺錢，這沒什麼好丟臉的」。但是畢業了、工作後，還總說這不如自己願，那不如自己願，成天無所事事，這種行為才真正值得商確。

當大家都在追求名利的時候，一個人的格局又能藉著什麼來體現呢？比如，張三想賺錢，為了賺錢不惜無底限炒作，最後成了網紅，如願以償賺到錢；李四也想賺錢，於是學了一門料理手藝，練得爐火純青，開的餐廳生意超好，也賺到了錢。這兩種人追求的東西一樣，但依他們的所作所為，就能感受到這兩人的格局不一樣。所以，關於格局的第三個觀點很重要：**一個人的格局體現在支撐他的價值觀上。**

明代有個學者叫薛瑄，他曾寫過一段話：「見理明而不妄取者為上；尚名節而不苟取者次之；畏法律而不敢取者再次之」。簡單翻譯就是：如果有一大堆不義之財擺在眼前，格局大的人，會因為內心有

73

道德而不去取；格局較大的人，會為了不損壞自己的聲譽而不去取；格局正常的人，會因為害怕被抓而不去取。人為了什麼而去做一件事或者不做一件事，就展現了這個人的層次高低，也就是格局不只展現在追求什麼上，更展現在支撐他為什麼去追求、用什麼方式去追求的價值觀上。

按照薛瑄的說法，不拿不義之財，有的人是因為要心，有的人是因為要臉，還有的人是因為要命。當然，還有一種人他就連提都沒提，那就是為了拿到想要的，不擇手段。

在很多直播網站裡，我們經常看到有人在宣揚：有錢就是成功的人，沒錢就是魯蛇。這樣的價值觀、這樣的想法就決定了一個人的人生格局。錢重要嗎？重要。追求它有問題嗎？沒問題。但你為什麼追求、用什麼手段追求，追求到了之後要幹什麼，不同格局的人對此有不同選擇。

我以前經常引用一句話叫：「君以此始、必以此終」。舉個例子，很多企業發展都是為了做大做強，但背後的價值邏輯是不一樣的。當員工為了一時的收入做出突破底線的事時，一個企業的價值觀和格局也就被確定了。隨著時間的推移，企業最後的發展一定也受限於此價值觀。企業是這樣，人也是這樣。只有超越了自己的思維格局，才能成大事，我一直相信，唯有大格局才能成就大事業。

那麼，什麼樣的價值觀代表大格局的價值觀呢？

真正的大格局，是用你的思想、意志去影響別人，統一大家的意志，或者把自己的意志融入到集體、組織的意志中，讓很多人從內心

產生認同感，自然讓每個人也貢獻一部分，最終形成集體智慧。

如果一個人強行推行自己的價值觀，這種價值觀本身是脆弱的。相反地，若能讓大多數人都接受他的價值觀，他的思維，心甘情願地為了他的理念去奮鬥，那他就是一個大格局的人。而將自己意志強加給別人，誰要是不服，就使用極端手段征服或消滅，證明這種價值觀根本是他個人的狹隘想法。

3 格局三要素——
如果格局決定人生，那什麼決定格局

再大的烙餅也大不過烙它的鍋。

決定一個人格局大小的就是因、果、度、行。不過，每個人的理解可能都不一樣，我將其概括成幾點：看他做事背後的動機、所追求的目標、他的三觀、外在行為狀態，以下用棋局來做比喻，由內而外，一層層剝開來看。

一、要有全局思維：

下棋的時候，一個高手忽然走了一步看似天馬行空的棋，旁邊的圍觀者卻看得莫名其妙，這是因為他們和高手的思維、認識以及見解完全不在同個層次上。高手明明下了一步好棋，但在菜鳥眼中卻是一步廢棋；菜鳥自以為出招是驚天妙手，在高手眼裡卻可能為後面的失敗埋下伏筆，兩者就是格局上的差別。**格局在哪兒，決定了你的所有行為表現以及最後產生的結果，換言之就是「思考和行動的邊界」。**如果你的想法無法擴張，又怎麼可能有機會去做呢？

如果你的視角只聚焦在棋盤的某個角落拼命廝殺，最後也不過就是多一個子、少一個子的區別。我們經常說的「細節決定成敗」，但這句話的前提是「大局已定」，**大局未定之前，你越關注細節，就越容易迷茫**。只要大方向是對的，偶爾有問題，終究會走出另一條路來；

但如果大方向本身就是錯的，細節再完美，對了也是錯的。

二、走一步多看幾步：

在棋局裡，還有個關鍵，就是能不能走一步後看到後面再走的步數。如果每一步都是應付，最後的結局就一定是疲於奔命、身不由己。這和現實中很多人的狀況很像吧？進入社會後，人們日漸陷入工作的深潭中，每天為了養家糊口而奔波勞累，過個幾年，當年的意氣風發、激情夢想，全變成了一聲歎息，默默地咽下，慢慢地忘記。

如果想跳脫這種迴圈，從思維上一定要改變過去依賴的模式，別習慣於直線思維，因為直線是一維的，若只知道直來直去，這樣永遠會處在思維的低層次。二維化思維的人，會在各層面、各方面延伸橫向聯繫，考慮到了各種相關性、因果性，當到了三維化思維層面，加上了時間維度，做每件事就都會考慮到未來，並能做到回溯歷史。

通常，格局大的人的底層思維層次本身就高，同樣想一件事、研究一個問題、提出一個建議，至少能從三個層面去思考，不像一般人只就事論事，他們的思考是深、廣、遠的。廣度是聯繫的範圍；深度是找到的因果聯繫，再從本質把問題想得又透又遠，這是最難的，也是最需修煉的。凡事學會看得長遠，為自己的思考加上時間維度，提升思維層次，就能從過去得失中汲取經驗，並且勇於預測未來。

人一定要敢做這樣的事，將這當成一種思維訓練。如此，以後遇到任何一件事，都能根據掌握的資訊、過去獲得的經驗，做出客觀分析與判斷處理。一開始你的預測和推斷可能不一定準，但不要緊，勇敢地這樣做，並經常去做。這種預測是理性的，是依據掌握的資訊分析來的，而不是直覺的、想像的、神秘化的。

三、保持觀察，洞悉對手、時刻自省：

下棋最忌諱注意力不集中。下棋的人不僅得觀察對手下了什麼棋，還得記住他之前都走了哪些步，而且他們在洞悉別人行為的同時，也不忘看看自己。有些盲棋高手，當下一盤棋下完了，過了幾天，他居然還能靠記憶幾乎一子不落地複盤整局棋。

我看《福爾摩斯》和《名偵探柯南》的時候，總好奇為什麼每次破案推論的時候，他們能在犯人做案過程中發現那麼多蛛絲馬跡。凡是他們去過的地方、見過的人，哪怕什麼事都沒有發生，他們也習慣性地敏銳觀察，等到後面破案需要時，他們就會「自動重播」過程，找出疑點和不合理的地方。當然，福爾摩斯和柯南畢竟是虛構人物，他們的觀察力高到了令人難以置信的地步。但在現實生活中，真的也有這樣的人，之前認識的一個員警朋友，我們一起去吃飯時經過某個地方，即使我們正聊著天，他也能告訴我很多關於那個地方的細節，而我當下卻完全沒有發現到。

我寫這段的目的不是要大家到哪裡都一直觀察，而是無論求學、職場、生活，永遠要做一個「有心人」。**所有經過的事、見過的人都用心看和聽，常保持觀察和洞悉的習慣，能幫助你找到一種透視的視角，在為人處世中始終保持清醒的狀態。**

四、偶爾下一步閒棋：

先前提到的科幻小說《三體》裡有句話，我很喜歡：「百忙之中下一步閒棋是很有必要的」。所謂閒棋，就是人憑著興趣、機緣或其他原因，在某個領域做了一些嘗試。你不知道有沒有用，甚至也不太關心有沒有用，但很可能在某個機緣巧合下，你的命運就因為這些「看似無用的閒棋」改變了，我把它稱為「撒種子法則」。

　　有時候，你苦心種下的種子毫無收穫，無意中撒下的種子反而帶來希望。在現實生活中，「撒種」就是在你工作八小時之外在其他領域的嘗試。比如，賈伯斯讀大學期間曾認真練習書法，這段看似無聊的經歷，卻為他在後來設計蘋果產品時帶來了獨特的審美觀，同時也為他傳奇般的成功埋下了重要伏筆。這是他在史丹福大學演講時親自說的真實故事。

　　你看過的書，學過的東西，就像是一顆顆種子，你不知道什麼時候會萌芽，更不知道能給你帶來什麼好處，但這些種子對人生的影響卻一直沉澱聚集。就算最後都沒發芽也沒關係，因為先幫自己樹立了這樣的意識，西方不亮東方亮，你未來的世界將會比現在寬廣得多。

　　最後一點則是心態，良好的心態也決定了格局。有些人為了取得最後的勝利，棄子爭先、捨車保帥都在所不惜。這時候如果心態上斤斤計較，什麼都不願意放棄，就很難創造優勢。我現在看一個年輕人有沒有潛力，會從兩方面：一是看他會不會為了某樣東西去全力以赴，捨得付出；第二則是看他會不會為了一些更本質、更長遠的東西，放棄所謂的蠅頭小利，也就是短期利益，不爭一城一地之得失，才是一個大格局之人應有的心態、氣度。

4 認知的四大原則——
提升認知的有效方法

讀書補天然之不足，經驗又補讀書之不足。

　　大家知道「降維打擊」嗎？這個詞也出現在科幻小說《三體》裡，本來它是指高維度向低維度發動攻擊，也就是位居優勢的人傷害比自己弱小的人，用殘酷的方式展示不同文明之間的巨大差異。高維度的文明對付低維度的文明，就像人不小心踩死一隻螞蟻一樣輕而易舉。遭遇降維打擊的一方不僅毫無還手之力，對於打擊什麼時候到來、以什麼形式進行都無法預測，甚至當打擊真正到來時，甚至無法理解這種打擊意味著什麼。

　　回到現實生活中的比喻，也能得到印證。例如在商場上，讓某家速食麵銷量下降的，不是另一家速食麵品牌，而是外送平台的興起；某個互聯網巨頭要對付一家很有潛力的創業公司，根本不用費盡心力地去競爭，直接出錢收購即可，如果對方拒絕被收購，就出錢收購它的競爭對手。而在學校裡，小學生覺得很難的數學題讓國中生來解，會認為非常簡單；而國中生認為很難的數學題，大學生可能輕而易舉就能寫出答案。

　　會有這樣維度的差距，是因為在成長過程中，一個人的眼界、思維、經驗、掌握的資訊和人脈…等都和別人拉開了非常大的距離，當他面對同樣的事情、同樣的問題，他和別人處理的方式以及得到最後

的結果，是截然不同的。

就像獵豹CEO傅盛說過一句話：「認知，幾乎是人和人之間唯一的本質差別」。當認知水準有落差，看事情的角度自然不一樣，認知水準高的人能發覺別人無法所見之處。但如果認知水準沒到達某個程度，就算別人怎麼提點，你都不會明白。我認識一些創業的人，在發想一個新案子的時候，什麼都想到了、看到了，但交待下屬去執行的時候，員工們卻一臉茫然或做不到位，這就是認知水準的差異。

一旦到達某個認知水準的高度，就再不可能回到過去的狀態了。電影《復仇者聯盟3》裡，薩諾斯對鋼鐵人說了一句話；「你不是唯一被知識詛咒的人」。被知識詛咒是什麼意思？意指，你不明白的時候還可以渾渾噩噩，你真明白了之後，就很難裝作不知道了，不懂裝懂容易，懂了裝不懂反而難，因為你過不了自己心裡這一關，只要擊破認知瓶頸之後，你的三觀都會不一樣了。

認知實際上是眼界、思維、經驗…等綜合起來的一整套東西。當你打開了自己的世界，提升了自己的思維，當年那些看似完全無法擺脫的問題都會迎刃而解，比如家境問題、自卑問題、感情問題、收入問題、職業發展問題…等。**相較於「過去的你」，讓「現在的你」來解決這些問題，這也是一種「降維打擊」，是能讓一個人越來越強大的終極密碼。**

那麼，一個人的認知，在成年以後還有可能提升嗎？

我們大多數人的認知都是有瓶頸的，一旦受困於這種認知瓶頸，人生就真的很難再有進步了。因為想到的事情，有很多是做不到的，何況你的認知沒到達一個階段，壓根兒還想不到呢。達摩祖師曾經一

葦渡江，在少林寺面壁九年，最終大悟成佛。我不是鼓勵大家去學習這種傳奇性的方法，因為我們只看到了達摩最後的悟，卻不了解他在悟之前「經歷了什麼」。

我從實際行動面提供一些提升認知的方法。這些外在的行動看起來都是老生常談，但如何從細節著手行動，為什麼要行動，是決定行動是否有效、能否成功的關鍵。正所謂「讀萬卷書不如行萬里路，行萬里路不如閱人無數，閱人無數不如高人指路」。藉著這幾句話，在此提供我認知的四大原則，再從中分析，好讓大家理解。

一、讀萬卷書：

讀書當然有用，關鍵在於讀什麼書。人從小時候開始會吃不同食物，但長大後卻記不起來自己吃過的所有種類，但可以肯定的是，它們的一部分已經長成我的骨頭和肉，很多人會用這樣的話來說明世上沒有無用的書。不過，我的個人看法是，這個世界上到處都是「無用的書」。

我唸國中時，學校旁邊有好幾家租書店，生意都好得不得了。店裡面的書，除了武俠小說，還有各種言情小說、科幻小說，我看了大概有上百本，有的同學還看了上千本之多。但我不客氣地講，這些書很多是「無用」的！就算看了一萬本、十萬本，除了學習成績下降，更沉溺於做夢以外，不會有任何好處。「腹有詩書氣自華」的前提是，讀有用的書，而不是無用的書。真正能提升一個人格局的書，應該是這五類書：

（1）知識類的書：我們從小到大接觸的課本裡，教的內容百分之八九十都是知識。這些知識，是人類認識世界的產物，你學習知識的

過程，也就是不斷認識世界的過程。

（２）**技能類的書**：工作以後，大家更多去讀的都是這些方面的書，比如程式設計、PPT製作…等。這些書是人們工作技能經驗的累積，你學習這些，相當於直接吸收了別人的功夫。

（３）**思維類的書**：除了傳統的哲學、心理學，還包括一些談如何提升思維的書。這些書可以幫助人們學習一些思考與分析的方法，啟發思考力。

（４）**審美類的書**：審美是人類的一種高級認知活動，很多書看起來「閒」，但能幫助人們提高文學素養，影響人們的三觀。這樣的書包括詩詞歌賦、繪畫藝術…等。比如看了一本小說，內心受到震撼和洗禮，這就是文學的意義所在（當然，不包括劣質言情小說）。

（５）**歷史類的書**：歷史書裡最重要的東西是歷史經驗，也就是以往的規律，而規律則教導人們如何發現經驗、總結經驗、運用經驗。在這些寶貴的人類文明歷程面前，你讀到的每一句話都可能成為引導你改變認知的力量。

讀書很重要，但真正能直接提升認知的書，其實就是知識類、思想類的書，如果你不知道要讀什麼類的書，胡亂讀再多的書也沒有實際作用。

二、行萬里路：

所謂的「讀萬卷書不如行萬里路」，不是一句押韻的口號，它是有邏輯支撐的。讀書，帶給人的啟發和改變始終是「間接的」。無論經驗

也好，思想也罷，從學習到掌握再到實踐，往往有一個過程。加快這個過程最好的途徑，就是「直接經歷」。人生的很多成長都由直接經歷而來，比如從小就去過很多地方，所以眼界比較廣；有人經歷了人生大起大落，心理承受能力很強…等。

從小到大，我讀了很多書，小時候在農村的家庭沒什麼錢買書，於是遇到有字的東西就會看半天。之後看了許多書，我成了大家口中的「書呆子」。我不太和其他小孩一起玩，只要不幹農活，經常一個人拿著一本書跑到山上去看半天。很長一段時間，這幾乎成了村裡的一個笑話，我至今記得當年村裡人常說的話：「讀那麼多書有什麼用？簡直就是個書呆子」。我當年對此不屑一顧，但現在來看，他們說的其實是對的。讀的書如果不和實踐相結合，確實沒什麼用。

在大學畢業之前，我讀的書除了在吹牛時有用，並沒什麼其他的用處。自己有時候都懷疑，看這些書看得心比天高，現實裡卻是命比紙薄。進入社會之後，我經歷了起起落落、摸爬滾打，這時才發現讀過的書裡蘊含了太多道理。我用它們來分析遇到的問題、指導我的行動。這些獨特的經歷和之前廣泛的閱讀相結合，才成為了現在的自己。

雖然一個普通的家庭帶給一個人眼界和思維上的提升很有限，但認識的人多了、經歷的事多了，想法乃至習性就會發生很大的變化。我一直覺得，一個人要提升認知，首要就是克服內心對安定的追求、勇於走出舒適圈，去看那些未曾見過的人文風土、經歷未曾體驗過的人生。當然，這樣的經歷並不是簡單的「上車睡覺，下車拍照」式的旅遊，也不是為了打卡PO文的目的。能帶來改變的經歷是特定，這類經歷才最容易引起反思、感嘆，所以經歷只是誘因，重要的還是人的思考。

三、要閱人無數：

人到了一定的年紀，要學會獨處，因為歷盡千帆，什麼人事物都見識過了，要逐漸返璞歸真。人在年輕的時候如果離群索居，什麼人都不想交往，是很難獲得成長的。人是社會中的動物，每個人都處在一定的社會關係中。認識不同的人，也就意味著得到不同的資訊，思想也會得到碰撞。

一個人要有開放的思維、能兼容並蓄地看待截然相反的結論，思考為什麼會產生分歧，而分歧的本質又是什麼？而不是凡事輕易下結論或固守結論，什麼也聽不進去。好人、壞人、頂尖人士、俗世之人、平庸的人同時存在這個世界上，你見到的人越多，也就越明白，這世界本來就是多彩多姿的，每個人的想法都不同。

很多人生問題的本質都取決於人的觀念問題、文化傳統問題、習慣問題，而非對錯問題。比如，中國南方人一般吃甜豆腐腦，中國北方人喜歡吃鹹豆腐腦，雲貴川一帶的人吃麻辣豆腐腦，誰說豆腐腦只能有一種吃法呢？一個人見到的人越多，看問題的角度就越廣泛，而不是被限定在一個視角內，還堅定不移地認為自己的想法就是對的。

這個世界不是非黑即白，中間還有各種灰色地帶，能夠看到、理解、包容並且有智慧地利用灰色地帶的人，往往都是能做成大事的人。「閱人無數」這四個字裡，其實還藏著一個問題，那就是：到底什麼樣的人才值得交往？和讀萬卷書同理，如果遇到的、交往的都是損友，那麼「閱人無數」不僅沒有任何益處，反而可能遭受傷害。所以，到了一個年紀，不要什麼聚會都參加、什麼飯都吃、什麼人都交往。人生短暫，一定要把時間花在有意義的事情上。我將朋友的交往分為四種：

　　上策，交志同道合者：與這樣的人交朋友可以相互鼓勵、相互支持、相互理解，彼此進步。

　　中策，交志同道不合者：雖然你在職場打拼，他在學校苦苦求學，但大家的追求和價值觀都是一致的，這樣的朋友哪怕多年未見，再見也會非常親切。在我的「知識星球社群」裡，大家遇到的就都是這樣的人。大家雖然來自四面八方，年齡和學歷各不相同，但都有著同樣的想法和期待。

　　下策，交道同志不合者：包括同學、同事、鄰居…等，雖然很多方面不一致，但你們還是會因為各種原因一起走人生中的一段路。在這期間，你們淡泊相交，各取所需，今後分道揚鑣，也不會覺得可惜或者難過。就像畢業之後，同學間的感情會變淡，但最終留下的一定是志同之人。

　　最後，不交那些道不同志不合者：大多數人都不安於現狀，希望改變，希望他人能給自己鼓勵；但也有人得過且過、耽於安逸，覺得這輩子就這樣簡簡單單、平平淡淡。有些人看到你想去大城市工作或者跳槽，就立馬潑冷水，自顧自地告訴你：「那些嘗試沒好處，很可能失敗」。對於這樣的人，點點頭即可，不用太聽他們的。

　　上策交的人，可以交流思想，一路同行，一起去打開新世界的大門。中策交的人，可以談心、交流看法，偶爾聯繫讓彼此的關係更親密。下策交的人，可以交流學習和工作中具體的經驗和方法。在這個階段，讓這些人能成為你的助力者、好的合作夥伴。

　　四、找高人指路：

　　最高深莫測的就是這句話了。所謂「高人指路」，就是找到「貴人」。你在還很弱小的時候，遇到不同領域的高人，這會從根本上對你的人生產生影響。比方讀書時遇到好老師，學東西時遇到好教練，初入職場時遇到好主管，都會讓你受益終生。因為對那時候的你而言，老師、教練、主管就是你在那個階段裡遇到的「高人」。

　　但事實上，想遇到高人需要機緣巧合，而對方是否願意為你指路，就完全看運氣了，這裡說的運氣是指你的潛力、人品和毅力。想讓那些比你厲害的人心甘情願地為你搭橋鋪路，給你機會成長，得讓他們看到你的潛力、欣賞你的人品，或者你憑著鍥而不捨的毅力打動他們。在遇到「高人」之前，最重要的，還是依照上面的三點先做好自己。

　　海底撈CEO——楊利娟當年為了幫家裡還債，十幾歲就輟學在一家餐館做服務生。張勇創辦海底撈初期，經常到楊利娟打工的餐館吃飯，注意到了這個聰明伶俐的服務生，毫不猶豫地把她挖角到自己公司。楊利娟從最普通的職位做起，一年之內經歷過海底撈所有職位，憑藉勤奮、踏實和努力，二十年後成了CEO，在公司上市後，她的身家躍升至三十億人民幣。

　　這裡面有她選對企業、跟對人的原因，但最根本的原因，還是她先成為那個聰明伶俐、拼命苦幹實幹的自己，哪怕當初自己是個服務生而已。想得到貴人相助，至少也要先變成貴人能注意到的人吧。所謂「得道者多助」，當你的工作表現與人品都讓人打從心眼裡欣賞和佩服的時候，願意幫你的人自然就多了。

　　如果從認知的角度來看以上四個原則，也有可能都不如一句話：

「一夕頓悟」，就是前面講的「達摩的面壁與破壁」。不過，認知提升是逐步的，需要基礎和閱歷，不打基礎光想著「頓悟」，就像空中樓閣般無地基，必然會倒掉。所以一定要先讀萬卷書、行萬里路、閱無數人（當然最好能遇到貴人），有了這些經歷和基礎，你才可能走向頓悟，突然想明白某個糾結的人事物。但需留意，這裡的關鍵字不是「突然」，而是「想明白了」。我堅信，沒有任何頓悟是突然的，人在開悟之前，一定會經過無數次經歷和考驗，有過無數次糾結和痛苦，是長時間的累積和思考，才能取得對於人生的看法。人到了一個點之後，一下子就想明白了。見天地，見眾生，最後見自己。

那麼問題來了，我們應該要想明白什麼呢？答案就是上文中講到的：「因」就是我從哪裡來？這個世界為什麼是這樣？他人為什麼成功？我為什麼失敗？我怎麼走到了現在這一步？「果」就是我要到哪裡去？我想要的到底是什麼？做到什麼程度才會滿足？「度」就是要用什麼手段去實現追求？我的原則是什麼？我的底線是什麼？這裡引用一段我幾年前寫下的話：**一個人最怕的是，人生早已設限，卻不自知。**

你以為你整天抱怨只是因為工作不順，你以為你情緒失控只是因為那天你心情不好，你以為愛情離你而去只是因為你沒錢，你以為你買不起房只是因為房價太高，你以為摩拜創始人胡瑋煒套現十五億只是因為運氣好…，這些你的自以為是裡都包含著人生失敗的種子。

事實上，當你對每一段人生進行總結、反思，對每一個看起來自然而然卻又難以理解的現象進行分解、剖析的時候，都能得出很多新的、有價值的東西來，特別是你和交心好友一起分析的時候。每次的總結和反思，只要足夠深刻、深入骨髓，乃至觸及靈魂和價值觀，都可以是一次浴火重生。

　　所以我從第一章「認識自我」到第三章「格局認知」，就是循序漸進地幫助大家走上「頓悟」的道路。「頓悟」從來都不是隨便想想、隨便說說就能實現的。在真正的「頓悟」之前，一定要經歷很多準備。等你完成了前面所有階段的學習，到了這個階段，再努力實現思想上的大突破，突然就能融會貫通，豁然開朗了。這種大突破帶來的一定是認知上的大提升。

　　所謂的「想明白」或「一夕頓悟」是一個螺旋上升的過程，也是持續進化的過程，突破之後還能再突破。就像日本動漫《七龍珠》裡，孫悟空變身超級賽亞人是一個突破，超級賽亞人一直變身進化，是不斷突破的過程。為什麼《七龍珠》裡的孫悟空討人喜歡？因為他就是「生命不止、奮鬥不止」的實踐者，不斷追求變得更強大。**一個人的成長，永遠都要反覆經歷「見山是山、見山不是山、見山還是山」的過程。**

　　很多東西，從「沒見過」到「見過」，再到「可以看成沒見過」。很多事情，從「什麼也不知道」，到「生怕別人不知道自己知道」，再到「讓別人以為自己不知道」。很多話，從「無話可說」，到「無話不說」，再到「可以不說」。這都是一個人的認知發生變化的階段性特徵和典型跡象。只要保持開放心態，實踐永續成長和終身學習的理念，不故步自封，就一定會經歷不斷否定自己的過程。每一次對過去的自己的否定，都是一次頓悟後的突破。

　　這些年裡，我大概經歷了幾個階段的突破。剛開始工作時，領悟了「不破不立、頹而後振」的道理。有了勇於直觀過去失敗和應對未來挑戰的意志以及鬥志。這樣的心法幫助我從頹廢中站起，真正走向人生逆襲的道路。工作一段時間之後，我逐漸領悟到了為人處世的種

種法則，它們幫助我在職場裡站穩腳跟，進而得到了認可。我接著在奮鬥的道路上一刻不停歇地往前飛奔，從身體到精神再到家庭都受到了很多考驗，我也一直在思考和尋找能支撐我繼續前行的力量。直到這兩年，我才從無數次的思考中得到了新的頓悟。

而我的頓悟就是「此岸與彼岸」。

所有人，只要還活在這個世界上，歸納起來無非兩個重點：要嘛在現世中有所求，要嘛寄託希望於來世。但立足當下，容易走向功利；追求彼岸，則需要努力奮鬥。

我很喜歡「網易雲熱評」中的一段話，是這麼說的：「當你在背單詞的時候，阿拉斯加的鱈魚正躍出水面；當你在寫數學作業時，太平洋的海鷗正躍過城市上空，北歐夜空絢麗的極光正五彩斑斕；當你在默默努力時，你以為這輩子都見不到的東西、遇不見的人，正向你走來…」

背單字、寫數學作業、默默努力，就是我們正在經歷的日常生活。而阿拉斯加的鱈魚躍出水面，太平洋的海鷗正躍過城市上空，北歐夜空絢麗的極光正五彩斑斕…就是我們所期待的未來。當人陷入當下困境的時候、在生活裡拼命掙扎的時候，你要知道這世界上還有別的角落、別的生活，一旦想起世界之大，就會產生繼續奮鬥下去的勇氣，再也不會甘心留在原地，這就是突破的動力。

「身在名利中行走，心在荒村中聽雨」。

你可以學習所有世俗的手段和方法，但思想始終要跳出來。就像

電影《刺激1995》中的男主角安迪被人陷害，身陷監獄。困頓絕望之中，卻一直期待著監獄高牆外的藍天白雲。為了那一點可能性，他十年如一日從未放棄過努力，他一點一點地思考、策畫、實踐，等待最好的時機。直到那一刻，安迪逃出高牆，在大雨滂沱之中張開雙臂擁抱自由，擁抱等待了十年的「彼岸生活」，他淚流滿面。這樣的過程，就是救贖的過程。

生活不易、奮鬥不易、逆襲不易、改變不易。每個人都可能被困於某個「人生牢籠」之中，束縛著我們的可能是貧寒的家庭條件，可能是日復一日的單調生活，可能是父母無休止的爭吵，可能是失敗的婚姻，可能是毫無起色的工作，可能是看起來永遠也買不起的房子…。在這樣的困境裡，很多人都曾經有過奮力一擊的努力，但往往徒勞無功。在很多次的徒勞無功或是原地踏步後，這些人終於選擇了放棄。

《刺激1995》裡還有段話這樣說：**「你所面對的圍牆是很有意思的東西，一開始，你痛恨周圍的高牆；慢慢地，你習慣了生活在其中；最終，你會發現，自己不得不依靠它而生存」**。這才是人生最絕望的牢籠啊，從這個角度說的話，我們每個人都需要救贖。用這種「現世或彼岸」的思維將自己的目標、手段、思維…等全部整合起來，你在向著現世的彼岸前行的過程，也就是不斷提升自己的過程。

最後，大家可能會問我：「你自己所追求的現世的彼岸又是什麼呢？」生活富足、內心平靜、家庭幸福、身心健康，可以成就別人，也可成就自己，這就是我所追求的，現世的彼岸。

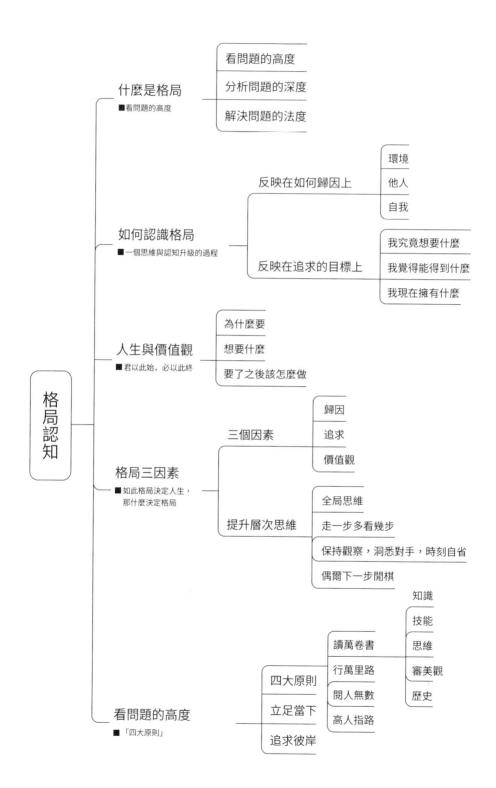

格局認知

什麼是格局
■看問題的高度
- 看問題的高度
- 分析問題的深度
- 解決問題的法度

如何認識格局
■一個思維與認知升級的過程
- 反映在如何歸因上
  - 環境
  - 他人
  - 自我
- 反映在追求的目標上
  - 我究竟想要什麼
  - 我覺得能得到什麼
  - 我現在擁有什麼

人生與價值觀
■君以此始，必以此終
- 為什麼要
- 想要什麼
- 要了之後該怎麼做

格局三因素
■如此格局決定人生，
那什麼決定格局
- 三個因素
  - 歸因
  - 追求
  - 價值觀
- 提升層次思維
  - 全局思維
  - 走一步多看幾步
  - 保持觀察，洞悉對手，時刻自省
  - 偶爾下一步閒棋

看問題的高度
■「四大原則」
- 四大原則
  - 讀萬卷書
  - 行萬里路
  - 閱人無數
  - 高人指路
    - 知識
    - 技能
    - 思維
    - 審美觀
    - 歷史
- 立足當下
- 追求彼岸

第四章

知識管理

擺脫學習焦慮，
轉化知識價值

吾生也有涯，而知也無涯。

以有涯隨無涯，殆已。

——《莊子·養生主》

1 讓知識產生價值——通用知識與專門知識

不要活在「知識荒漠」中，也不要做「知識蒐藏家」，人生需要不斷地「讀書打卡」。

「知識管理（Knowledge Management）」這個詞最早是在企業管理中被人熟知的，很多公司都有知識管理系統。但本章談的主要是「個體的知識管理」。說到知識管理，很多人的第一反應可能是：「怎樣可以實現高效學習？」在此之前，我們需要先想清楚兩個更重要的基礎問題：我們應該學習哪些知識？什麼樣的知識才是有價值的？如果走錯了方向，你效率再高也到不了目的地，甚至可能走得越快卻離目標越遠。

每個時代有每個時代要面對的問題。以歷史的視野來看，我們這個時代最大的特點就是：知識大爆炸。因此在討論應該學習哪些知識之前，我們需要明白知識大爆炸給我們的兩點啟示：第一，人需要終生成長、終生學習。因為新的事物層出不窮，知識、理論都會不斷更新。第二、人只能學習整個知識系統中很少很少的一部分內容。

《莊子》說：吾生也有涯，而知也無涯。小時候老師用這句話來告訴我們，要認真學習知識，但後面還有一句沒說完：「以有涯隨無涯，殆已」。意指，人生是有限的，但知識是無限的，用有限的人生去追求無限的知識，必然失敗。說白了，知識那麼多，哪怕你學的都是有用的、經典的知識，一輩子也學不完。

95

「開卷有益」這句話，無非就是鼓勵大家多讀書多學習，但很多人的情況是「很少開卷」，因此得先解決從無到有的問題，如果想要更進一步做好知識管理，就必須再次仔細審視這句話對你的意義。

首先，知識大爆炸意味著有效知識正快速增長，但與此同時，知識中「無用」的東西也飛快增長。「隨便開卷」很可能看到的竟是「無用知識」。你看得再多，也沒辦法學會深度思考，甚至可能被它們「汙染頭腦」。有些朋友看到這裡，可能會想要取巧：「那我只讀經典大作就好了吧？」讀經典大作當然有益，但是，我們做任何事情追求的不僅僅是有益，而是要有「足夠的益處」，換句話說，投報率太低的事不值得做。如果我們只是為讀經典而讀經典的話，那麼經典在你腦子裡能留下多少東西，這可要打上問號。

在知識大爆炸的時代裡，學東西要帶著點目的性。

我認為，既不要活在「知識荒漠」中，也不做一個「泛泛知識的蒐藏家」，因為人生需要不斷地「讀書打卡」的同時，更要自問：「我學習知識的目標是什麼？」因為知識無涯，進入學習的汪洋大海中，如果沒有一個明確的方向，只會隨波逐流、不知所云。學習知識不為其他，主要為了「更好地解決問題」。知識是至關重要的工具，在知識大爆炸的時代，大家都有基本知識，但真正有智慧的人深知如何汲取「真正優質的知識」並用它們幫自己解決問題，這才能讓你在社會中脫穎而出。應該學習的知識包括兩類：

① 通用知識
通用知識是指任何一個希望自身發展較完善的成年人「應該」具備的知識。通用知識又分為兩種：學校裡教過的、學校裡沒教過的。

我們從小學到國中階段學的就是通用教育，大學裡的通識課也屬此類範疇。我們學的國語、數學、歷史、地理、理化、生物…等通用知識，看似在學校都學到了，然而我們往往可能沒有很好地吸收、應用。你以為用不到的學科，其實和生活中遇到的事情多少有相關，好好運用學校裡教過的知識，可以避免生活中的很多坎坷。若當你發現學校裡教的哪門學科確實有用，而你忘記了的話，不妨重新翻翻書補補課吧。

當然，還有不少通用知識在學校裡沒有教，但它們確實非常重要。就好比「思維科學」是我們通識教育中很少涉及的內容，必須透過不斷自學才能得到這方面的知識。在這裡，我列出幾個類別的通用知識給大家參考：

（1）**關於思維的知識：**思維科學對於日常生活是很有價值的知識，例如基礎的心理學、邏輯學，不僅能讓人對自我有更清晰的認知，也幫助自己和他人有更好更成熟的溝通交流。

（2）**關於健康的知識：**身體健康是本錢，是能讓人幸福和發展的基礎，包括飲食營養、健康鍛煉、睡眠、生理衛生…等細項的知識。但老實說，大部分人在這些方面的知識儲備都不夠。

（3）**關於財富的知識：**財富是人生中非常重要的工具。但如何增加財富、保護財富，讓財富保值增值，在學校似乎很少教。

（4）**關於安全的知識：**這部分和人的生命安全有重大關聯，關於消防安全、防災安全、交通安全…等方面的知識，但往往是大眾不熟知的部分。

（5）**關於寫作的知識：**我們從小就學國語、學寫作，但坦白說，在實際運用卻有需要提升的空間。很多人在工作後才發現，自己連一些基礎的應用文寫作格式都無法掌握，但實際上，寫作能力是思維和溝通能力的體現，這方面的知識需要自己不斷學習補充。

② **專門知識**

專門知識是指在大學時期學的專業知識、工作技能⋯等。每個人的專業科目或能力都不同，沒有一定非學的科目，因為我學的不見得對你的工作有實際幫助，反之亦然。但必須強調一點：不少人面臨一個問題，大家每天忙於工作和自己領域相關的學習，卻很少跳脫自己的位置去深入思考：「到底還要加強哪些對應的專門知識才能更提升自己」，大家不妨從這個角度去思考看看，或者描繪出自己的「技能樹（核心能力樹狀圖）」。

打過遊戲的人都知道，遊戲裡的主角在不同級別具備的技能不同，在職場、學校生活中也是，需要達到什麼樣的程度才算真的「升級成長」，「技能樹」可以給你一個很好的學習目標作為參考。

即使你現在還沒辦法描繪出自己的「技能樹」，但只要你建立了這個思維，就可以請教職場前輩、學校的學長姐或老師：「依我現在的位置該具備哪些方面的技能和知識？」然後有目的地去補足知識缺口、提升能力。除了通用知識和專門知識，我還想談一下生活中常見的幾種知識，藉此有效地提升我們日常利用時間的效率。

（1）低價值知識：我認為低價值知識有兩種，第一種是知識本身價值很低，甚至是零。比方在生活中使用機率很低的冷知識，恐怕對我們解決生活問題幾乎沒有任何幫助。第二種低價值知識是指「知識本身有價值，但對你價值很低」。比如說，關於某顆不知名星球的知識，對天文系專業的人來說是專業知識；但對我這樣的文科生來說，如果花大量時間去讀，能產生的價值卻很低，除非我要寫科幻小說。所以，對於這類知識、資訊，我們應該避免主動耗費時間去學習。

（2）**新聞資訊：**新聞資訊是一種比較特殊的知識。其中有一部分資訊的「價值週期」很短，比如單天的天氣預報（除非你是做相關工作的研究人員）、藝人明星的八卦緋聞…等。但其中有一部分資訊有可能對你有中長期價值，幫助你做決策和判斷，比方金融類的新聞、國際重大新聞、學界最新發表的研究成果…等。新聞每天都有，我們該做的是「懂得篩選少量優質的資訊平台」，讓它們先選出價值密度較大的資訊，我們再選擇性地閱讀與參考，這樣擷取而來的新聞資訊才有質量，對自己有益。

（3）**與興趣愛好有關的知識：**很少有人會在談知識管理時談興趣愛好。但我認為和興趣愛好相關的知識，反而應該有意識地多學多用。雖然增加知識主要是用來解決問題的，但自我發展也很重要。在生活中，除了要解決生存問題、物質生活問題、工作問題，還需要充實心靈，解決自己面臨的精神困惑、情感需求…等。因此，多一些興趣愛好是非常必要的。我也一直宣導，既然是真正熱愛的東西，你應該付出精力和時間去研究，好好發展它，這樣才會有充實的成就感。既然你的愛好是讓你覺得人生有價值的動力，那為何不讓這個動力變得更充足呢？

講了這麼多的知識，可能有的人會產生「知識焦慮」，覺得要學習的通用知識和專門知識很多。但在這裡，我想用時間管理的「四象限」方法告訴你：這些知識大部分屬於「重要但不緊急的事」，因此我們該做的是：長期地、持續地投入固定時間去完成它，沒有必要一口大量攝取而吃成一個胖子。

2 讓學習變得高效——一大原則和兩組方法

> 「世事洞明皆學問，人情練達即
> 文章」這句話是學習的真諦。

在談如何高效地學習知識之前，我先從學習的定義開始，釐清觀念認知，再談具體的方法。

前提就是：正確理解學習。習慣是最可怕的力量，對學習來說同樣如此。很多同學習慣了學校裡的節奏，一說到學習，就覺得是打開書本從頭看到尾、坐在課堂從頭聽到尾，認為看書和聽課就是學習，但這個看法是很片面的。

「學習」這個詞怎麼來的？《論語》的開頭是這麼寫的：「學而時習之，不亦悅乎」楊伯峻先生翻譯為：「學了，然後按一定的時間去溫習它，不也高興嗎？」學習不僅僅包括「學」的意思，同時要求你去溫習、練習所學的內容。《現代漢語大詞典》對於學習的解釋是：從閱讀、聽講、研究、實踐中獲得知識或技能。這也明確地告訴我們，除了讀書和聽課，研究和實踐本身也是學習的一部分，而且是更重要的。

這給我們一點很重要的啟發：「一定要拓展學習的管道和方式」。例如我們要學習個人成長相關的知識，可以藉由讀文章、聽課

程，或其他管道去學，並且將學習求知從被動化為主動。因為有時候，你自己苦思根本解答不了的問題，內行人早就對解決方案一清二楚，你可以問前輩、有類似經驗的人，或到一些專業平台請益，學習效率較高，我自己就很受益於這種方法。那些對你很有啟發的前輩，不妨長期找他多請教，一定會受益匪淺。

不過有時你會發現有些問題，大家現階段都沒有正確答案，這就需要你多去調查、多研究。這樣的情況在你成為碩士生、博士生或進入職場工作之後，這類的狀況會越來越多。「世事洞明皆學問，人情練達即文章」牢記這句話，這是學習的真諦。

學習的最大原則：保持提問力。也就是保有問題意識能力，因為學習是為了使用和解決問題。雖然看來簡單，但事實上，很多人讀一本書的步驟是這樣的（尤其是人文社科類的書）：

看到別人推薦或應老師要求買了一本書

買來後從第一頁開始讀到最後一頁（有一部分的人通常沒讀完就放棄了）

做一些筆記（一部分的人能做到）

有時溫習一下筆記（會做到這樣的人已經比較少了）

短期內會引用書中的一些觀點來指導自己，但時間一長就忘記了

如果開始讀下一本書，則會重複以上過程。

我相信，這種體驗我們都有過。然而這種做法的效率低，你花費很多時間學習，效果卻很一般，甚至當你過兩年再次翻這本書的時候，可能完全不記得之前看過的任何內容了…。

若想帶著「提問力」學習，該怎麼做呢？必須讓這本書裡的內容和你產生關聯，帶著這兩個通用的問題試著問自己看看：「書裡講的很多方法有哪個是我馬上能派上用場的？」「結合自己的實際情況來看，要怎麼用？」相信我，只要你這樣主動地去思考答案，你的閱讀效果就已經好過很多人了。但需強調一點：「具備提問的意識，並不是要你總問些雞毛蒜皮的小事，永遠要關注那些重要的問題」。

在職場工作也是一樣的道理，你用你的知識解決了大問題，你對公司就有大貢獻；解決了小問題，就會獲得小認可。相反，如果你滿腹才華，但是沒有主動用知識發現問題、解決問題的意識，那對別人而言，充其量你只是一個「常看書的人」而已。

學習的方法很多，但我經過實踐發現，對我最有啟發也最重要的方法有兩組，我又從中分出了幾個更細的方法，下面列舉參考：

第一組方法、用輸出倒逼輸入：

為什麼這個方法很重要？首先從目標來看，學習目的是為了能使用，也就是為了「輸出」。其次，輸出是一種主動學習法。這需要你主動運用自己的邏輯能力去組織學習，以思考力進一步理清內容。主動和被動之間，學習效果的差別涇渭分明。

美國學者愛德加‧戴爾提出過一個著名的「學習金字塔」概念，

它用數位形式來表示（請見下圖）。看看學習者在兩週以後還能記住自己學過多少內容。結果顯示：聽講、閱讀、視聽、演示都屬於被動學習，效果不好，最多能記住30％；而討論、實踐、教授給他人，屬於主動學習，效果很好，最多能記住90％。

		學習內容的留存率
被動學習	聽講（Lecture）	5%
	閱讀（Reading）	10%
	視聽（Audiovisual）	20%
	演繹（Demonstration）	30%
主動學習	討論（Discussion）	50%
	實踐（Practice Doing）	75%
	教別人（Teach Others）	90%

學習金字塔　　　　資料來源：國家訓練實驗室 美國緬因州

其實，討論、實踐、教別人都有一個共同點：「輸出」。我把輸出法再分為以下幾種，不同的知識類型適合不同的具體方法，你可以根據情況選用。

① 寫下來

（1）哪怕只是簡單地做個摘錄，也好過只是單純流覽。

（2）如果你覺得這本書有價值，可以寫出一份完整的讀後感。這份讀後感不用很全面，用一個或幾個問題串起來就夠了。

（3）中國古代還有一種學習方法：把書整本抄下來，這個方法看起來很笨拙，但如果學習內容對你真的很重要，文字量也可以接受的話，這種笨功夫能幫助你更加記住需要的段落。

② 講出來

（1）把重要的學習內容讀出來，這是最簡單的一種輸出，它可以調動眼、口、耳，甚至身體動作，肯定比單純閱讀效果更好。

（2）用自己的話複誦內容，這是檢驗你是否確實理解、吸收的好方法。

（3）將新知識與身邊的家人、朋友進行討論甚至辯論，啟發彼此思維。

（4）還有一種我們小時候常用的方法：出聲背誦。我一直認為，背誦不僅僅是死記硬背，在背的過程中你會不斷思考文句間的邏輯聯繫，加深對內容的理解。而且，你願意去背誦的東西往往是精選過的，這些內容在思維上、語言上都值得效仿。你把它放在腦海裡，可能在未來的某天，這些內容就會突然給你一些新啟發。

③ 教別人

這就要講到費曼學習法了，這是是著名物理學家費曼宣導的一種學習方法：把自己正在學的東西教給其他人。步驟是這樣的：

（1）選取準備學習的知識。

（2）讀完之後，教一遍給別人理解。

（3）在教的過程中發現問題的話，先嘗試解決並再次教給別人，直接對方理解為止。

我現在常會採用費曼學習法。比如讀到一個很有價值的觀點，一定會想辦法把它用在我的公眾號文章裡，分享給大家。在這個過程中，可能我就會發現：「這個地方好像還有點不明白，再查查資料」又或者是「這個觀點其實還需要補充完整才行」。

孔子說，學而不思則罔，思而不學則殆。「以教為學」這個過程，就是逼著你進行多次學→思→學→思的迴圈。如果達到都能教別人的程度了，那麼對知識的理解能不深入嗎？應用能不準確嗎？

④ 實踐它

實踐不僅是檢驗學習成果的標準，也是很好的學習方法。

（1）應用型的知識在書上看一百遍，不如實地操練一遍。這和打遊戲是一樣的，你把攻略讀爛了，還不如真正和遊戲裡的大魔王戰上幾回。比如，大家學習了時間管理的知識，就一定要把「每天三件事」、「番茄工作法」這樣的方法應用在工作、學習上。

（2）偏理論的知識也要想辦法用用看。最簡單的方式就是找問題、去解題。這個方法就像學生時期學數學一樣，怎樣檢驗自己對某個數學公式掌握得熟不熟練？理解概念後，再多做幾道題是最好的辦法之一。

第二組方法、建立知識與知識間的聯繫：

為什麼這個方法很重要？先讓我們從最底層的問題說起。知識通常分為自然科學知識、社會科學知識、思維科學知識、數學知識⋯等。各種知識相互交叉、滲透，形成網狀結構體系，這就是知識最大的特點。

人類的思維也是網狀的。人最擅長的就是聯想、舉一反三。擅於多方聯想的人，思維較為活躍，也常常是解決問題有方法、有創意的人。既然世界的知識和人類的思維都具有這個特點，學習知識時就要利用它：建立知識點與知識點之間的聯繫。我認為最常用的具體方法有幾種：

① 建立知識結構（可用在小的知識模組中）

準備讀一本書之前，先摸清書的目錄、框架。我建議你在讀正文之前、之中、之後，都再次看看書的目錄和框架。因為，摸清了這本書的「面」，才能對單個「點」有更清楚的理解。這就像一個籃子，有了框架，才好裝進內容。

② 釐清知識譜（用在大的知識體系中）

當你學習一個新的專業體系時，需採用這個方法。為了摸清楚一項理論的價值，最好要明白：「它來源於哪裡、改變了誰、反對了誰，誰又是它的繼承者、創新者、批評者」。最簡單的執行方式就是往上溯源，讀「學術史」相關的文獻書籍時循著根脈找，就像挖礦，可能會發現最後的大寶藏。

舉個例子，比如你要研究王陽明的思想和學術，最好的辦法並不是先把他的所有著作和研究他的著作都看完，而是在研讀著作的同時做以下幾件事：

（1）了解整個宋明理學此前的發展脈絡，尤其是朱熹、陸九淵這兩位對王陽明影響很大的思想家的著作。

（2）讀同時代的大學問家湛若水的著作，他是王陽明的朋友，也和王陽明在思想學術上有各自的特點。

（3）去讀王陽明幾位著名門人，例如王艮、王畿的著作。

只有把握了事物的譜系源流、來龍去脈，你才能全面而具體地了解想研究的內容與箇中價值。

③ 多用類比的方法學習（可用在不同的知識體系間）

隨著科技發展，人類學習的理論逐漸變得抽象，甚至難以直接理解，這確實會提高學習成本。如果你要學習一項全新的、複雜的知識，最好能把它類比成你已經掌握的、易理解的知識，這種方法可以用於學習多個不同體系知識的情況下。但要留意，類比法只有某個程度的相似，仍會有不準確的地方，這就需要我們在學習時有意識地、更具體地關注與拿捏。

講了這麼多知識管理的方法，最後我想說一句：學完這些方法後，不妨自己試著寫出一些讀後感，這將有效地提升你的閱讀效果。

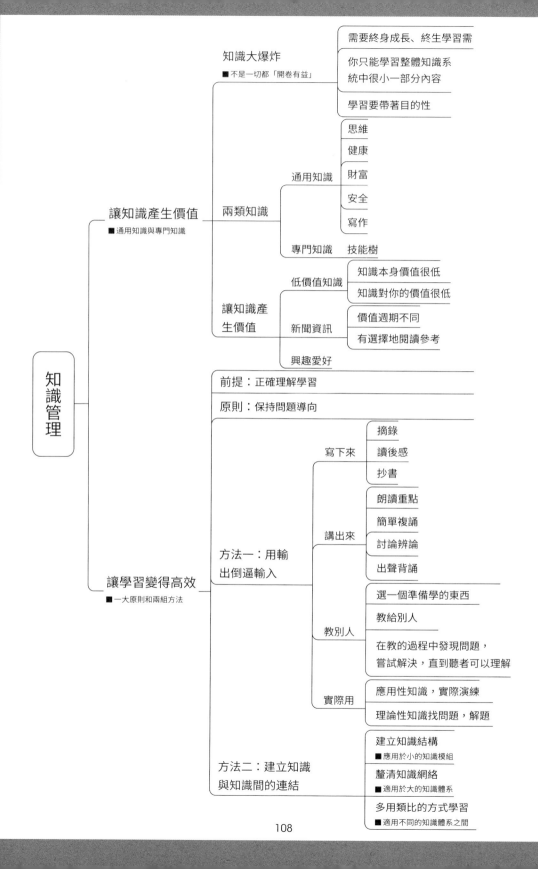

知識管理

讓知識產生價值
■ 通用知識與專門知識

　知識大爆炸
　■ 不是一切都「開卷有益」
　　需要終身成長、終生學習需
　　你只能學習整體知識系統中很小一部分內容
　　學習要帶著目的性

　兩類知識
　　通用知識
　　　思維
　　　健康
　　　財富
　　　安全
　　　寫作
　　專門知識　技能樹

　讓知識產生價值
　　低價值知識
　　　知識本身價值很低
　　　知識對你的價值很低
　　新聞資訊
　　　價值週期不同
　　　有選擇地閱讀參考
　　興趣愛好

讓學習變得高效
■ 一大原則和兩組方法

　前提：正確理解學習
　原則：保持問題導向

　方法一：用輸出倒逼輸入
　　寫下來
　　　摘錄
　　　讀後感
　　　抄書
　　講出來
　　　朗讀重點
　　　簡單複誦
　　　討論辨論
　　　出聲背誦
　　教別人
　　　選一個準備學的東西
　　　教給別人
　　　在教的過程中發現問題，嘗試解決，直到聽者可以理解
　　實際用
　　　應用性知識，實際演練
　　　理論性知識找問題，解題

　方法二：建立知識與知識間的連結
　　建立知識結構
　　■ 應用於小的知識模組
　　釐清知識網絡
　　■ 適用於大的知識體系
　　多用類比的方式學習
　　■ 適用不同的知識體系之間

第五章

溝通表達

一句話可以聚人心，
卻也能壞大事

聰明的人講話受人歡迎，

智慧的人講話讓人如沐春風。

1 談事的原則——
從「聽明白」到「能說服」

會說話，不是會嚷嚷。

很多年前就看過《教父》這部電影，如今的我依然對此印象深刻。這部電影有很多的視角，但我當時卻深深地被馬龍・白蘭度飾演教父的說話方式所吸引。他講話慢條斯理、邏輯清晰、充滿智慧又無可辯駁，充滿了一種讓人難以拒絕的力量感。

與之相反，教父的大兒子桑尼去參加談判，效果就很差，也很容易被人抓住弱點和漏洞，本來是去談一件小事，卻搞砸了。可以說，同樣的問題、同樣的場景，教父去談判和桑尼去談判的結果是天壤之別。**這其中產生的巨大差距就是溝通能力。**

溝通表達的技巧有很多，從本質來說分為兩類：一類是談事，另一類是談心。其中的原則方法在很大程度上是相通的，無論談事還是談心都可以使用，只不過各有側重而已。

我們先從「談事」這個主題來講，和一個人、一群人談事要把握兩點：

一、讓人聽明白，把事情談清楚。
二、讓人能接受，把事情搞定。

一、如何才能讓人真正聽明白？

之前我寫過一篇文章「會說話不是會「嚷嚷」，文中提到，會說話的關鍵永遠是把自己要表達的東西清晰地傳遞出來，核心就是三個詞：資訊、邏輯和包裝。在談事的過程中，這三點非常重要，決定了你溝通的事項能否讓對方聽明白，能否聽得興趣盎然。

在日常溝通中，我們需做到三方面：資訊完整、邏輯清晰、易於理解（這是溝通最基礎的一層）。

① 資訊完整

假設你是業務員，主管考核時問你：「今年你負責的業務收入怎樣？」你快速地回答說：「今年我做了100萬的業績。」這個回答不能說錯，但也是無效的。除非主管對你負責的具體業務非常清楚，否則是不太可能知道這個數字意味什麼。也就是說，你的回答裡缺少觀點——100萬是高是低？怎麼體現它是高還是低？類似這樣的重要資訊。另外，今年你負責的業績會變高或變低，原因是什麼？若你不了解原因的話，未來怎麼改善或者複製經驗？這些其實都是潛在的問題。

我們要實現高效溝通，務必要傳遞完整的資訊。不要一口氣把所有資訊說出來，你可以慢慢說，或換個方式說，但在開口前得先想好要傳遞哪些資訊，包含：論點和論據（包括資料和案例）、現象、原因和措施。

我們談論點的時候，不僅要談論點，也要談支撐觀點的論據分別有哪些，用資料和案例來佐證論點；談現象的時候，不僅要談表面，也要說出本質，想想是什麼造成這樣的現象，有沒有什麼應對措施。有時候，你也可以使用「5W1H法」來分析要談的事情，包含了什麼

原因（Why）、什麼事情（What）、什麼地點（Where）、什麼時間（When）、什麼人（Who）、用什麼辦法（How）這六個方面。這個方法不複雜，在發言之前先按照這個思路想一遍自己要講的事，很多時候就能讓你的表達內容更完整。

② 邏輯清晰

在資訊完整的基礎上，還得要邏輯清晰，否則說得越多，越像一團亂麻。如何做到邏輯清晰？可以參考「金字塔原則」，職場寫作也適用。作家馮唐是這麼說明的：「用一句話說，金字塔原則就是，任何事情都可以歸納出一個中心論點，而此中心論點可由三至七個論據支援，這些一級論據，本身也可以是個論點，被二級的三至七個論據支持，如此延伸，狀如金字塔」。那麼，在日常溝通裡應用金字塔原則時需注意什麼？

（1）先說論點，再說支撐它的多個論據，論據需屬同個邏輯層面。
（2）論據得要不重複、不遺漏。
（3）「重點前置」，把重要的論斷、關鍵的論據往前放。

只要平時有意識地按照這種邏輯多進行幾次溝通練習，相信你的邏輯表達能力肯定能提升。實際上如何練習呢？最簡單的一個辦法就是，說話的時候多用第一、第二、第三、第四這樣的序列詞，這是在倒逼自己快速抓住事物的邏輯。

③ 易於理解

這一點是很多專業人士，特別是技術人員和他人溝通時的問題。他們有時候想展現自己的專業度，但過多的專業用語卻可能使溝通變得雞同鴨講、很難理解，讓溝通效果大打折扣，用雙方都能懂的話語

精準表達才是真本事。

那怎麼做到？六個字很重要：**大白話，做類比**，使用的語言必須簡單易懂。如果有些事情本身確實有專業門檻，對外行人很難直接講明白，那怎麼辦呢？類比是一個屢試不爽的好辦法。打個比方，雲端運算和大數據是這些年很火的名詞，第一次聽到這些名詞的人真的是一頭霧水。

而有人就這樣做了一個類比：雲端運算和大數據未來就是「水和電」一樣的基礎設施。聽了這樣的比方，你即使還不能理解它們的運作機制，至少也了解它們佔的重要地位，這就拉近了與聽者的距離感，好讓對方願意聽你說下去。

二、如何讓別人真正接受你的觀點？

除了用資訊、邏輯和包裝讓人聽明白，還要回到最終目標：把事情談妥。怎麼樣讓共事對象願意接受你所談的內容，認同你提出的方案、主張、建議呢？有兩點值得注意：

① 衡量各方成本收益

在談事情的過程中，你一定要盤算好各方在這件事情中的成本收益。不僅僅是金錢上，還有人力、時間、口碑…等方面的付出和收穫。這不是算計，而是為了尊重他人。因為在職場、工作、生活中，每個人都有自己的任務目標。你把這筆帳算清楚，在需要的時候恰當地表達出來，有助於提高合作意願。

舉個例子，如果你邀請一位講師合作講座，你告訴了他講座時間、地點、參與人員…等詳細資訊，也用清晰的邏輯把這些資訊提供

給他，同時你還想辦法表達了你的真誠邀請。但對方卻沒有回應或婉拒了你，你覺得是什麼原因呢？除了他本身有其他工作安排之外，最可能的一個原因就是，他不知道自己能從這合作裡獲得什麼，比方有多少演講收入？是否有其他回報？同時，他也不太確定自己要付出什麼，像是得花多長時間到現場？線上分享的話需要視訊嗎？這些都是他的收益和成本，但你卻沒有先說明清楚。

在職場溝通時，我們有時也會遇到類似情況：找別的部門的同事幫忙看起來很小的事情，但對方不斷推託；召集幾個部門一起開會，看起來方案很好，但有的部門就是不情不願地，感覺不想一起做這個案子。

原因往往不在事情、方案本身，而是在成本收益的這塊。你可能覺得幫個小忙不就是舉手之勞嘛，但對方沒有得到回報，為什麼要幫助你呢？當然，很多人幫助他人可能是出於情面，也可能是本身個性好，但不幫忙也是正常的。很多政治家、企業家都是非常擅於替別人考慮成本收益的。成為這樣的人，他人才更願意和你通過溝通達成一致。

②準備好備選方案

在溝通前先準備好備選方案，也是很重要的技巧。在生活中，選擇題總是比申論題、是非題更容易回答。在溝通討論一件事情的過程中，不該只提出一種建議，而是提供A、B、C三種不同方案（依狀況可增減），再對每種方案的好處和弊端進行闡述（結合上面提到的各方成本收益），以供選擇。如果你有屬意的方案，也可以進行引導。

在工作中，把事情溝通好是一種基本能力，至少不能因為自己的溝通能力太差而把事情搞砸了。

2 談心的要點——如何不失言，也不失人

> 子曰：「可與言而不與之言，失人；不可與言而與之言，失言。知者不失人，亦不失言」。

在工作和日常生活中，我們往往還需要一種能力，就是與人談心、交心。特別是在生活中的很多場景，我們和一個人、一群人交往，不是為了解決某個具體的問題、應對某項具體的事情，而是藉由和對方交流來達成思想上、情緒上的一致。

工作時，主管找下屬談心，想了解他對工作的看法；生活中，你心裡有些話想說、有些感觸想找人分享，於是約朋友談心；戀愛中，最重要的一個環節其實也是「談」，否則怎麼叫「談戀愛」呢？但是面對家人、朋友、戀人，以及主管、同事，怎樣談心才能把自己的心意表達出來，同時避免交淺言深、言辭不當帶來的麻煩？《論語》記載，子曰：「可與言而不與之言，失人；不可與言而與之言，失言。知者不失人，亦不失言」。

能和他人談卻不談，叫「失人」；不能和他人談卻談了，叫「失言」。智者既不「失人」也不「失言」。如果你有「失人」或者「失言」的經歷，你就會明白，談心是一種非常重要的溝通行為。談心和上一篇所說的談事，很多原則都是相通的，但是具體方法各有側重。以下分享「談心」的四個要點。

一、營造氛圍，學會傾聽：

營造氛圍是談心的前提。不是什麼場合和氣氛下都適合談心。比如，對方手上有急事要處理，你突然拉著對方說要聊聊，對方肯定想翻白眼。

至於如何營造適合談心的氛圍，首先要注意場景，得選擇雙方都覺得舒適的、不被打擾的空間，再來是「最好當面談」。我在文章〈有些話，你最好當面說〉中提到：對我而言，越是重要的事情，我越希望能當面溝通。無論是電話還是郵件，都能隱藏自己最真實的想法，但面對面的時候，人很難掩飾，尤其是你刻意去觀察話語之外的神態、動作、表情。如果無法當面談的話，至少透過視訊或者講電話的方式，這樣才有「交心」的感覺。

其次，要學會「破冰」，讓彼此都更快進入狀態中。一般談事是為了解決問題，但談心反而可以先聊些「廢話」，從天氣、身體狀況到家裡的事都可以很快拉近彼此距離。從你們彼此有「最大公約數」的話題先聊，讓雙方迅速進入談天說地的氛圍裡。所謂的寒暄，寒就是冷，暄就是溫暖，多聊點彼此共通的冷暖，自然就「破冰」了。

在營造了合適氛圍後，再來就是「學會傾聽」。如果我們不懂得傾聽，找人談心的後果可能是災難性的。談話時，不要只顧著自己說話，也不要經常打斷他人說話。人是有傾訴慾的，我們會習慣性地以己為主，講自己想講的話題。但問題是，我們有傾訴慾，對方同樣也有。你不讓別人說，別人就堵得慌。能講的人不一定受歡迎，但願意傾聽的人一定讓人有好感。

談心時，不時觀察他人感受。比如說，你發現對方有點面露難

色，有些不耐煩，或者沒有給出期待的回應…等，這時就應該停下，思考一下自己表達的內容或方式是不是對方想要的。

二、自我暴露，保護隱私：

自我暴露和保護隱私，這兩者聽起來相悖，但實際上並非如此。

大家小時候有沒有做過這樣的事：和好朋友們輪流說一個自己的秘密。其實，這樣簡單的遊戲背後也有著心理機制的支撐。在《影響力》這本書中，作者提出了影響人的幾個原則，其中一個就叫作「互惠原則」。意即，我得了你的好處，應該回報你一些什麼，這在人際溝通中同樣適用。

當然，我們使用這種方式是為了更好地進行坦誠交流，所以應該分享一些自己的真實想法、情緒、經歷，對方也才更願意和我們分享。

但是，自我曝露要有個限度，就是始終保護自己的重要隱私。打個比方，你和主管、同事談心，可以說說自己的家庭情況、自己的生活喜好，這些都無傷大雅。但是，不要把自己家庭、情感方面或個人身上一些重要的、關鍵的資訊輕易與外人分享，尤其不要把那些可能傷害自己的資訊輕易告訴他人。

請記住：職場中，不要把自己的致命傷曝露在別人面前。

防人之心不可無。保護隱私還有另一面，就是對於對方分享給你的隱私，一定也要嚴守秘密。如果你洩露了消息，根據「壞事傳千里」的定律，這些消息很可能被迅速擴散。最終，你可能會被貼上「不可信任」的標籤。

三、適可而止，拿捏程度：

「自我曝露」是讓談心取得效果的方法。而「適可而止，拿捏尺度」則是讓談心不至於到不可收拾的地步。

談心也是有目的性的。比如，你找主管或同事談心，是想談談對工作的看法、對未來的規劃…等，把想談的主題談妥了，就趕緊收個尾投入工作吧。為什麼呢？因為言多必失。一旦談得太多，不僅失去了談心的效果，還變成東拉西扯，而且人真的會「聊嗨」的，只要話題越聊越多，很多不該聊的話就可能脫口而出，第二天後悔也來不及了，所以談心要適可而止。

和任何人談心的時候，都要清楚你和對方的關係。比如和一般主管、同事談工作時，如果對方關心你的個人情況，稍微談一些情況就夠了。對於關係尚可的朋友，說說你們共同的朋友、共同的話題，深入一點的個人情況還可以。但如果是彼此觀點不同的話題，就別勉強聊。尤其是發現對方堅持自己的看法，那就及時打住話題。記住，談心的目的不是說服對方接受某個具體的觀點，而是「為了達成溝通目標」，更何況我們的觀點也不一定完全正確。

還有一點，把握談話的時間長度，比如這次就訂好談半小時或一小時結束。如果沒有任何限制，談越久只會言多必失。我的建議是：一次談心不要超過一小時，最多不要超過一個半小時。非常重要的內容可以分幾次談，這樣彼此才能不斷更新自己的想法。其次，重要的談心一定要選擇在自己清醒的時候，也就是能控制情緒、思維的時候談，這和心理及生理學有關。特別是晚上，大腦比較放鬆或一整天工作後已覺得疲憊時，人容易做出和說出一些正常情況下不會做也不會說的事情來。所以，有些重要的決定、不該說的話、一些不該見的

人，最好都不要選擇晚上去說、去見，切記，越是夜深人靜，越要避免交淺言深。

四、慎言他人，控制情緒：

最後，談心還有一個禁區，就是不要輕易指責他人，也不要讓自己的情緒失控。首先，不要在談心中輕易把第三方拉入你們的話題進行指責，因為你談心的對象很可能並不想讓第三方捲入這個話題。

比如，你和主管談自己的工作感受時，突然向他吐槽某位同事，這可能讓主管很為難。他既不能聽你的一面之詞去處理對方，也不能對你毫無回應，只能跟你客氣幾句。又或者，主管根本就不想管你們之間的事，你對主管大吐苦水，他或許還會想：「你今天跟我吐槽他，明天是不是就能私下吐槽我了？」

此外，你談心的對象也可能並不認同你對第三方的看法。比如，你的閨密和男朋友吵架吵到快分手，她當著你的面吐槽男朋友這不好那不好。在這種情況下，你最好多傾聽，或分享分享自己的經歷，完全尊重和支持她的選擇，但別跟著她一起吐槽她的男朋友…否則他們一旦和好了，可能反過來說你當初不厚道。所謂勸和不勸分，背後的確有無數血淚的教訓。

過度的談心還會帶來「情緒失控」，尤其不要時時抱怨、充滿負能量，搞得好像世界都與你為敵。試想看看，在職場中連自己的情緒都控制不好，誰敢委託你重要工作？在情感中，誰願意和一個情緒不可控的人長相廝守？和朋友相處，誰有義務成天消化你的負能量？在家庭中，你的情緒失控，很多時候家人只能容忍，但你有沒有想過，家人是默默為你擔心，或者承受你的傷害？

　　談心當然可以展現出自己的喜怒哀樂——聊得高興時不妨開懷大笑，說到傷心處可以傷懷落淚，這都是人之常情；但也要控制情緒的收放程度，這和第三點「適可而止，拿捏程度」的原則是相通的。

　　最後，要記住一件事：**「一次談心不是一次發洩自我的表達機會，而是一次人際關係中的溝通工作」**。人際關係處理離不開溝通表達中的方法；溝通表達時也不能忘了我們身處的人際關係。

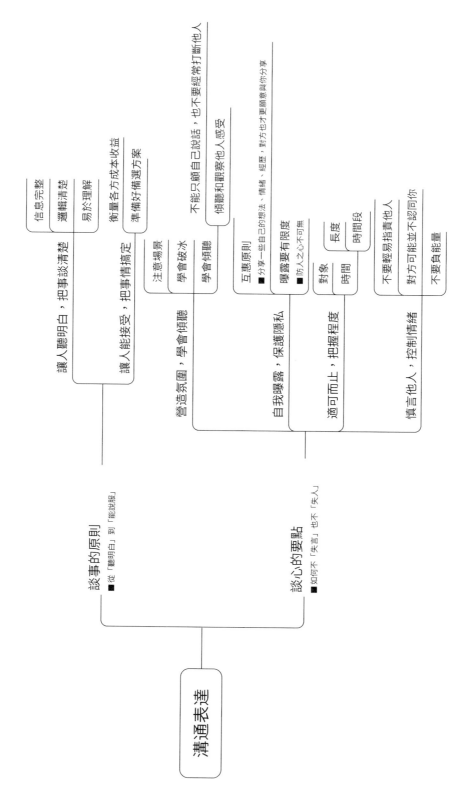

第六章

情緒管理

從管理情緒到
運用情緒

情緒就像雲霄飛車一樣起伏，太刺激了！

你沒想到的是，人生也可能會這樣。

1 認識情緒——
讓自己產生情緒自覺

只有真正認清了情緒，才能化被動為主動。

關於情緒管理，我自己很有感，因為「久病成良醫」。以往的我是一個極度情緒化的人。也因為情緒化，我做了很多讓自己非常後悔的事情，也錯過了很多人生發展的機會。

我也發現，情緒對大部分人而言，是不可控的。他們活在情緒的放任裡，長期習慣於依靠情緒的推動去說話、行動、做出決定。當情緒來的時候，什麼都不管不顧，想說什麼就說什麼，想做什麼就做什麼。

有些人四五十歲了，甚至結婚生子了，說話做事仍然只是由著性子來，只不過他們學會了給自己找藉口：我這人就是心直口快，刀子嘴豆腐心。他們遇點小事動輒打罵，脾氣暴躁；還有些人沉浸於消極情緒中，長期情緒低落，做任何事情都提不起興趣，再往下滑一步就可能進入抑鬱的深淵了。

上述這些狀況，我個人認為是他們從來不覺得自己的情緒有問題，甚至沒有意識到巨大的情緒起伏為何會不斷出現。

我曾觀察過很多人，發現越是容易情緒大起大落的人，他的人生也同樣容易大起大落。這樣的人可能短時間暴富，也可能一夕失敗落魄。

　　之所以會出現這種情況，主要就是因為人一旦被情緒支配、習慣跟著情緒走，就很容易在憤怒、悲傷、恐懼⋯等情緒的影響下，做出非常不理智的決定和舉動。情緒的力量雖然強大，但它是感性的、顯性的、不可持續的，也是極其不穩定的。不少心理學著作都曾指出，人的思維系統大致分成兩部分：

　　一部分由我們的原始大腦控制，幾乎不需要主動去想，就能操縱你的身體做出反應，比如日常呼吸，餓了吃飯，痛了大叫，都是我們的本能。我們的情緒與大腦反應有關，很多時候更是和我們的本能相伴相生。比如恐懼什麼、喜歡什麼、害怕什麼⋯等，我們幾乎不需要學習或者訓練，天生就會。

　　大腦還有一部分憑著後天進化，也就是前額皮質，很多的高級認知活動都源自這塊區域。它可以依靠我們的意識去控制身體。打個比方，我們的原始大腦相當於自動駕駛，而前額皮質相當於手動駕駛。

　　當人類在原始森林裡生活時，生存的本能更依賴「自動駕駛」。面對危險，你在第一時間反應就能多一些生存機會。但在現代社會，我們所面對的問題和現實早已不是單憑自覺和本能就能解決的，因為職場工作、人際關係、社會系統都複雜化了，很多時候都是反本能的。

　　我們都知道，考試前若沒有刻苦學習，只憑感覺亂寫一通，能混個及格就不錯了，想要考出高分幾乎不可能。情緒的管理也一樣，如果你從來不去思考這方面的問題，從來不對你的情緒進行分析和管理，你的情緒就會像破籠子裡的猛獸，永遠不知道它什麼時候會跑出來，更無法預估它將對你的人生（有時候還有他人）造成多大的破壞。

　　任何人想要科學且有效地管理情緒，最基礎的前提就是：擁有對於情緒的自覺性，包括兩方面：

　　首先，試著分析自己的情緒狀況、判斷情緒是否平穩。一般來說，在情緒平靜時，你往往意識不到；但是當情緒激烈、洶湧而來的當下就可能被淹沒，很難意識到自己身處何種情緒之中。解決這個問題的方法就是在四十八小時內進行記錄，因為情緒通常來得快去得也快，有時就像一陣風，如果不寫下來，你可能永遠不知道自己的情緒有多善變、有多可怕、有多衝動。當情緒來臨時，你可以嘗試這麼寫日記：

　　（1）詳細記下當時發生的事情（起因經過）
　　（2）我當時的真實想法（情緒感受）
　　（3）之後的情況（事後結果）

　　我有一個帶在身邊多年的珍貴筆記本，記錄了我從高一到大學畢業的「情緒巔峰時刻」。因為激動次數並不多，所以這麼多年也只記了一本而已。但每次翻看這本獨特的情緒記錄本，我都能完整地回憶起我在某個時刻有過的激動情緒；然後去反思，我當時為什麼要那麼激動？如果真的按照我當時的想法去做了什麼事，現在的後果會怎樣？

　　比如我記錄過，我在大學裡曾經有一段時間極度厭惡學習、同學、社會，衝動地想要退學。但如果我當時真的退學了，也就沒有現在的一切了，想想都嚇出一身冷汗。

　　透過這種記錄法，我在大四畢業前夕，第一次深刻地意識到我的情緒是有問題的，如果放任這種情緒狀態不管，總有一天會被這種動不

就產生的極端情緒吞沒而不自知。因此，我後來進行很多自我剖析和情緒訓練，**情緒的自我覺醒是我們學會和情緒友好相處的第一步。**

關於情緒自覺，還有一個重要內容，就是當你意識到你處在何種情緒時，會對你當下的情緒產生抑制作用，避免情緒徹底淹沒一切。也就是所謂的活在當下。這和冥想時不斷提醒自己，就能將已經飄離的思緒拉回來一樣，也和我們的大腦有關。

情緒主要產生在原始腦部分。這部分的許可權很高，就像本能一樣，可以不經過我們的意識直接接管你的身體。人的身體一旦被情緒接管，就可能完全淪為情緒的工具，有時候甚至無力反抗。而大腦皮質作為後天進化的產物，是我們自我意識可以控制的區域。它對原始腦是具有抑制作用的。所以，當情緒來臨時，最好的方法就是及早意識到自己處在什麼樣的狀態下，不管多憤怒、多悲傷，都提醒自己趕緊清醒過來。

抑制情緒、理性思考的是我們的大腦皮質，需要喚醒才能重新獲得被「本能支配」的大腦指揮。而意識到自己處於何種情緒中，就是喚起大腦皮質最快速的方法之一。一旦你跳出自己的視角，像旁觀者一樣觀察自己有哪些極端情緒，這時情緒對你的控制就會大大減弱了。

2 情緒黑箱理論──
控制情緒的輸入與輸出

人的一切痛苦在本質上都是對自己無能的憤怒。

分享一個我親身經歷的故事，大概兩年前，早上去上班的路上，經過一個路口等紅綠燈時，見到一個二十來歲且長相清秀的年輕人，在路口的人行道上聲嘶力竭地大吼，旁邊倒著一輛單車。看得出來他很憤怒很激動，整個人都在顫抖，聲音尖厲到快說不出話來。就在等紅燈的幾十秒時間裡，我聽到他斷斷續續的控訴，大致知道發生了什麼事。

這位年輕人可能是上班趕時間，騎自行車到路口時剛好遇到紅燈，雖然被交警叫住停下了車，但已經過了人行橫道的停止線。交警說了他幾句，並要求他推著車退回停止線內，讓他非常生氣。那天早上交通壅塞，難免也有其他人違規，但只有一位交警忙不過來。年輕人反覆吼著：「那麼多人闖紅燈、過線你不管，憑什麼叫我退回去？」還拿出手機對著路口狂拍，罵交警為何不處理。

交警一開始還跟他解釋，到後來就不再理他了。這讓年輕人更加憤怒，他拉著交警不斷質問為什麼只針對他一人，還因為太激動，好幾次都差點跌倒，要不是路人趕緊扶他到一旁，說道理給他聽，應該會更失控。

　　我不知道他最後是否會平靜下來，但一大早就經歷了這樣激烈的情緒，很可能他整天的心理狀態都會非常差。如果剛好還要見客戶、考試、面試之類的，早上這件事很可能造成更大的負面影響。

　　在這件事裡，就蘊藏了情緒管理至關重要的一條要義：**任何時候，只要你處理問題時帶著強烈情緒，最後，處理問題都會轉化為處理情緒。**

　　甚至可以說，如果沒有處理好情緒，根本就處理不好事情。如果抽絲剝繭地去分析剛才說的這個事件，就會發現它實在太微不足道。但這位年輕人情緒處理的能力不足，讓這件事可能不只影響他一天，甚至是好幾天之久。他和交警在路口較勁拉扯半天，除了毀掉一整天的心情，還可能上班遲到，即使交警迫於無奈妥協了又怎樣，他的情緒會因此而扭轉過來嗎？

　　從心理學的角度講，情緒處理是一種非常高級的大腦活動，擁有很高的處理權限。換句話說，一旦人被激起了情緒，大腦就很難按照正常的思維方式去處理問題，而且會被情緒牽著走。糟糕的情緒會無限放大當下經歷的事情。再小的事情都可能在情緒的助推下變得不可收拾。

　　那些因為一個眼神、一句話、一次身體觸碰，最終導致雙方情緒失控，演變成流血事件的社會新聞不勝枚舉吧？憤怒和生氣是每個人都有過的情緒，但總有人能把它處理得恰到好處，不會讓人覺得自己是沒脾氣的「軟柿子」，但又不至於常被激怒而情緒失控。控制情緒的拿捏，有些人靠的是天賦，而更多的人需要後天不斷地思考、分析和訓練。

在之前的文章中，我提到從高中就開始記錄自己情緒最激烈的時刻，這讓很多人產生誤解，以為我從那時起就開始關注和管理自己的情緒，其實並非如此。實際上，我直到大學畢業前夕進行深刻的自我剖析時才真正明白：我過去的經歷之所以經常大起大落，和情緒的時好時壞密不可分。

我得出一個結論：**一個情緒不穩定的人必然會經歷人生的不穩定**。這就像賭徒扔骰子，你不知道什麼時候會扔出最差的結果來。人經常被情緒影響，就不知道哪次會一時衝動，做出錯誤的選擇。

一個人哪怕再有能力、職位再高，如果情緒起伏不定，也很難稱得上「厲害」，因為每個人只要遇到自己的痛點，在重壓之下而情緒崩潰了，就算是平時表現再優秀的人，也將變得不堪一擊。從那時起，我下定決心，從各個角度、各個層面去研究分析自己的情緒，刻意設置情緒管理的最佳策略。為此我看了很多心理學方面的書，諮詢了專業人士，也搜尋不少資料，後來發現，很多關於情緒管理的內容，都是理論多、實踐少，很難真正讓我們解決自己的情緒問題。

現代科學對情緒問題的研究提供了許多理論，甚至從大腦神經科學的角度做了一些解釋。很多研究成果都值得敬佩，但遺憾的是，目前有些理論還不能完美地解釋情緒發生的機制和原理，也很難像醫學那樣提供十分精確的科學分析。所以，情緒對我們而言，更多時候就像個神秘的「黑箱子」。

當我意識到自己在情緒方面的問題後，就開始研究和探索這個「黑箱子」，並且嘗試用黑箱理論來解決我經常出現的極端情緒問題。我將自己摸索出來的「情緒黑箱理論」寫出來，供大家參考。

先解釋「黑箱理論」，意思是：在自然界中沒有孤立的事物，任何事物都是相互聯繫、相互作用的，即使我們不清楚「黑箱子」的內部結構，僅注意到它對於資訊刺激做出的反應，注意到它的輸入——輸出關係，就可對它進一步研究，有點像操作電腦或者手機，你不用管01010101如何運算、電路板怎麼傳遞信號，只需知道你在操作介面按下了什麼按鈕會出現什麼結果就行了。

情緒也是這樣，即使我們不清楚情緒產生的科學原理，但只要願意去總結，就一定會發現能引起特定情緒變化的信號，然後對應地制定解決方式。

核心方法一：控制情緒的輸入：

分析自我情緒的那段期間，我雖然不知道為什麼情緒會很低落，卻知道自己在什麼情況下會感覺到低落。我曾經思考和做了那些「只要我去做就會引起情緒低落」的事，比如聽傷感的音樂、看悲情的電影、熬夜後睡到次日黃昏、在深夜裡追憶過去的人和事、獨自思考人生的意義…等。我把這些事一件件寫下來，然後盡量避免去做，一旦發現自己沉浸在過往回憶中就立刻提醒自己停下來。

我用了「正向思維」和「剃刀法則」，迴避那些讓自己產生消極、負面情緒的人和事，也盡量遠離那樣的環境。與此同時，我開始有意識地去發掘能為自己帶來正能量的輸入內容。比如找時間在一張白紙上寫下五十件讓自己感到放鬆和快樂的事情、看《阿甘正傳》之類的電影、下載大氣磅礴的史詩配樂，然後一邊跑步一邊聽…等。

我認真推薦大家多聽聽歌、看看電影。因為電影和音樂都是可以繞過意識直接作用於情緒的方法。聽到一首歌曲，你不需要去理解

它，可能光是旋律就可以讓你產生某種情緒。比如我有段時間很常聽悲傷的歌曲，後來我改聽有氣勢的音樂，每次聽完都會熱血沸騰，產生特別想要做點什麼的積極感覺。

想徹底改變情緒，最簡單也是最重要的一點就是下定決心，深入地分析和思考自己做什麼樣的事會產生什麼樣的情緒。同時，盡量少做、少接觸那些帶來負面情緒的事，多去嘗試為自己帶來正能量的事。

核心方法二：管理情緒的輸出：

即使你再小心翼翼地控制輸入端，也總有一些突發的事件刺激你產生強烈的情緒。對大多數人而言，這種強烈的情緒很難透過自己的力量慢慢化解，但通過哪種方式宣洩出去，會導致不同的結果。

比如我們手握一把沙，握得越緊，流失得越快。比如很多人說「遇到事情先睡一覺」、「心情不好就吃個火鍋」之類的方法。不管什麼方法，最重要的是：**千萬不要長時間硬憋著情緒。**

情緒可以暫緩處理，但一定不能不處理。這也是我對很多孩子的父母說的話，孩子最不擅長控制情緒（從科學角度來講，可以控制情緒的前額皮質一般要到八歲才能發育完全）。但很多父母看到孩子不聽話、大哭大鬧，往往一昧採取恐嚇、打罵、禁足⋯等強硬手段，強迫孩子不再哭鬧。

這種做法我雖不贊同，但也很難反對，因為很多父母最擅長的管理方法就是三個字「你閉嘴！」我想強調的是，你當下逼著孩子硬把淚水憋回去了，一定要盡快找機會疏導他的情緒、安撫他、講道理，和他一起分析不開心的地方。好讓他把之前沒有徹底發洩的情緒找個途

徑轉化，或者妥善地宣洩出來，否則這些沒有宣洩出去的情緒，終有一天會加倍發洩到父母和其他人的身上。在這方面，我經常採取兩個策略：

策略一、及時脫離特定情境：

情緒都是由特定情境引起的，一旦從中脫離，換個場景靜一靜，情緒的影響力會大幅減弱。這就像看悲傷的電影時哭得稀裡嘩啦，一出電影院，很快就忘了剛才那麼強烈的情緒。在情緒渲染開來的當下，人是非常敏感的，為了讓情緒不會被醞釀得更濃郁強烈，及時脫離情境，等冷靜後再處理。

策略二、洩洪法：

不管情緒多麼激烈，都盡量不當場、不當面發洩出來，在事後找個恰當時間好好排解，這就像讓即將暴漲決堤的洪水通過各種支流慢慢疏導。

我一個朋友創業時遭遇重要幹部流失、現金週轉不靈…等各種問題，白天若無其事地開了十幾個會、見了股東們，誰都看不出他心中的焦慮和壓抑，直到晚上才忍不住崩潰大哭。這樣的崩潰其實正是一種有意識、有策略的宣洩。

越是強烈的情緒越不可能憑空消失，或者被長期壓制。就像任我行的「吸星大法」，即使用霸道的內功壓制那些體內「亂竄的真氣」，也有可能在某一天失控讓人暴斃。最終真正有效的是像「易筋經」那樣，科學疏導、有效宣洩，把那些負面、消極、不健康的情緒排解出去，留下那些穩定、正面、積極的情緒。

　　情緒控制是我親身實踐後感覺非常有效的方式。當你嘗試用控制「輸入」和「輸出」的方式與情緒對話時，你會發現，管理情緒其實並沒有想像中那麼難。長時間養成習慣後，你的思維方式、行為模式都會發生很大的變化。當你學會調整、壓縮情緒失控的時間長短和頻率後，也變相地擁有了更多順風順水的機會。

　　人生不順利，不要覺得找個算命師指點一下，或者找個大師起個名改個運就好了，如果情緒不變，煩惱和痛苦就永遠都在。

3 情緒的力量——
把情緒從敵人變成朋友

從掌控自己到防止被「精神控制」，
這是一種「可怕」的能力。

　　學會情緒管理不是要讓大家成為沒有情緒的「機器人」，或是無腦地「控制情緒」，而是為了更了解自己的內心，並且有意識地引導情緒，讓情緒成為自己的朋友，不會成為情緒的奴隸。人生如崎嶇山路，難免有些不平的路段，但只要學會情緒管理，就像資深司機開車一樣，不管道路如何顛簸，總能盡力保持車輛平穩前行。

　　情緒管理最終的目的是情緒穩定。人只有在情緒穩定時，才可能理性分析、冷靜處理，以及從容地面對生活裡的困難。

　　二十多歲是一個人情緒穩定能力展現的分界線。有些人一開始會有意識地避免強烈情緒的突然爆發，即使遭受重大打擊，也能很快恢復，繼續保持積極樂觀的狀態；有些人則情緒一上來就什麼都不管了，鬧得魚死網破，甚至終其一生都經不起任何情緒的激發。

　　想像一下，假如你是老闆，在工作上對員工批評了一句，他都能掀桌子發飆，這樣的員工你還用不用？反過來，假如你跟著人創業，合作夥伴稍遇挫折就破口大罵、崩潰大哭，這樣的團隊怎麼有底氣去

搏擊更大的風浪？假如你已為人父母，輕易地當著孩子的面就情緒失控、砸板凳，孩子得到了什麼樣的身教？其實很多問題家庭的孩子都是因為父母缺乏情緒控制的能力所造成的。

根據顧問公司Alternative Board的一項全球調查顯示，參與問卷的創業者中幾乎有一半的人每週工作時間超過七十小時，而且其中很少人是始終心懷幸福感或熱情投入工作的——大部分的創業者努力工作，是因為感覺到肩上扛了責任。他們得對股東、業績、公司運轉中出現的每一種結果負責…，創辦人幾乎是全公司壓力最大的，長時間的高壓會讓他們感到煩躁、失眠、健忘、情緒低落、脾氣暴躁。

字節跳動創辦人張一鳴曾在微博上分享自己對於情緒狀態的看法：「每天都在輕度喜悅和輕度沮喪之間」。意指他讓情緒保持高度穩定，讓自己更加理性地思考公司戰略、處理公司問題，還能以更專注的狀態投入工作。

所謂的情緒管理，目的並不是控制情緒（這只是表象），背後真正要追求的是「掌握好自己」。 只有學會了確保情緒不當場崩潰、不集中爆發、慢慢合理地宣洩負面情緒，才能讓自己的心境長期處於積極正向的狀態中。而這種狀態正是一個人工作、創業最需要的狀態。

接下來，我要講關於情緒管理鮮為人知的部分：如何透過認清情緒，防止被人「情緒操控」。

這幾年「情緒操控」的話題很熱，一些相關的極端新聞不時出現。比如，老闆或主管故意貶低你的能力、打擊你，讓你對自己的能力產生懷疑，最終屈服於他。讓人震驚的是，有不少高學歷者或是

家境不錯的人也會中招，從此跌入人生的深淵。「情緒操控」無所不在，所以要想辦法避免被他人控制或影響而失去了自己。

先討論第一個問題，情緒到底是好還是壞？情緒是人們與生俱來的東西，是先天就有的，無論恐懼或悲傷，對人們的生活都是不可或缺的。恐懼讓人們遠離危險，悲傷讓人們珍惜美好時光。孩子剛出生幾個月就已經具備了表達情緒的能力。他們的哭聲不只是表達餓了之類的生理需求，他們會笑、會不高興、會反感。這些情緒你很難用好和壞來界定它。

第二個，情緒是有用還是沒用？我的個人觀點是，情緒是有用的。比如文學創作（寫詩或者寫小說）時，沒有情緒根本寫不出來；看戲看電影也需要情緒，演員的情緒會帶他們進入角色，也帶動觀眾的情緒。還有喝酒也是情緒的催化劑，在十多人的聚餐場合，如果彼此都不是很熟，一開始可能非常尷尬，但只要有點酒精催化，也許大家很快就能打成一片，甚至到最後稱兄道弟，等酒醒後又覺得有點尷尬了。所以，情緒對人是有用的，畢竟很多時候人們還得製造情緒、渲染情緒，端看你往好的還是不好的方向引導它。

比如，我們要想通過演講打動人、鼓舞人，就一定要想辦法勾起大家的情緒、產生共鳴。在《超級演說家》這個節目裡有很多演講者，聽完他們的演講，我們會落淚，會感到內心充滿力量，這就是情緒帶來的力量。但同樣是演講，希特勒也是渲染情緒的高手，但他最終渲染出來的是邪惡、暴力的情緒。

不得不說，不少成功人士都擁有好情商。這些人不僅能洞察世事，不會輕易被情緒干擾，更可怕的是，能營造出符合他們需要的情

緒，輕易控制其他人。因為絕大多數人都沒有經歷過情緒管理的訓練，這也就意味著，在一定的場景中只要能製造出合適的情緒，就能讓大部分人的言行朝向需要的方向發展。以下舉例兩個具體場景為大家揭密，如何防止被他人影響甚至控制情緒。

第一個場景：利用情緒當武器：

美劇《紙牌屋》的第一季裡，有段非常經典的劇情。男主角弗蘭克被工黨領袖馬蒂組織的罷工事件搞得很有壓力，在電視辯論賽上更是被馬蒂弄得陣腳大亂、一敗塗地，感覺已經無力回天了。但最終弗蘭克成功扭轉乾坤。原來弗蘭克設計了一個陰謀：誣陷馬蒂和他的工會，而這個陰謀與情緒有關。

美國國會約馬蒂談判時，弗蘭克毫無愧色地向馬蒂坦誠自己是如何誣陷他的。他並不怕陰謀暴露，因為真正的陰謀並不是如何去誣陷，而是激怒對手。他用了很多侮辱性的詞語後，弗蘭克終於成功激怒了馬蒂。馬蒂情緒失控，揍了弗蘭克一拳，回過神來他才意識到，已經上了弗蘭克的當。因為襲擊議員是重罪，而且還是在國會，為了免於被起訴，馬蒂只能停止罷工運動。

這段劇情幾乎就是電影《教父》裡那句名言的案例教學：「絕對不要憎恨你的敵人，那會影響你的判斷」，這就是典型的「利用情緒當武器」。當你被對手引入了特定的「情緒陷阱」，喪失了理性判斷，就很容易做出他人期望的錯誤行動來。

在本章的開頭，我講的那個情緒失控的年輕人。如果他一直都這樣，輕易就被激怒到失去理智，那他日後很容易被別人控制情緒。憤怒會讓一個人的弱點變得更加明顯。萬一面臨重大的人生關卡（考

試、重要會議、面試）時，情緒能引發人舉止失控、心理失衡，讓人生從此走上不一樣的結果。

第二個場景：利用情緒衝動改變結局：

兩個年輕男女彼此有點好感，卻遲遲不表白。他們經常約吃飯，在社群上聊天，甚至一起出遊散步。很多人沒有意識到，從某種角度來看，愛情是一種昇華的、更持久強烈的情緒。想讓雙方產生愛情，最重要的就是「共情」，讓彼此的情緒在某一時刻同步，也就是「怦然心動」。很多人可能等著這種怦然心動降臨，有些情場高手就會刻意製造這種心動時刻。不要以為這很難，其實從心理學來講，所謂的「怦然心動」就是一瞬間的情緒越過理性思維而控制了大腦。那一刻沒有思考，大腦一片空白，只感到強烈的、純粹的情緒衝動。

自古而來，在人類所有的活動中，最能激發人情緒的場景就是四個字：生離死別。我們無法做到死別，卻能創造出生離來。在電視劇《戀愛先生》裡，正是羅玥的離去，讓程皓真正認識到自己對她的深厚感情。當然，這種生離不一定是轟轟烈烈地辭職、搬家，也可以是一段長時間的出差，或出於某些原因而不得不進行的刻意迴避，還可以是某些精心設計的「閉關修煉」。

人在這種特殊時刻，內心會充滿感傷、不捨的情緒，只要稍加引導，就會演變成一股衝動，引出完全不同的結局。如果有人特意精心設計這種場景、製造情緒，哪怕手裡只有一枚草戒指，也能讓男神或女神感動到難以自己。如果你看不透這層表象，很可能就稀裡糊塗地成為俘虜了。

這兩個場景主要是提醒大家多多關心情緒的力量。

懂得這些東西不是為了讓大家玩弄別人的情緒，而是為了避免自己被他人情緒操控。看《三國演義》的時候，你會發現裡面的曹操、孫權、劉備等動不動就會「大怒」或「大喜」。但事實上，他們大喜的時候不是真的大喜，大怒的時候也不是真的大怒，他們只是**「在需要的場合準確表達出最適合的一種情緒」**。比如，劉備「怒摔阿斗」，他當下的怒摔是為了收服趙子龍這一員猛將的心。

人生在世，你必須學會恰當地表達自己的不滿、誠摯地表達自己的贊同，真誠地表達自己的感激…哪怕你其實並沒有那麼多的贊同、那麼多的感激之情。人有時要學會將自己真實的情緒藏起來，展示應該展示的情緒，即便這種情緒並不是你當下最真實的心情，是經過自我修飾後的產物。

附表 情緒管理 21 天打卡挑戰

　　在本章的最後，我設計了一個小小的表格，用21天記錄和了解自己在日常生活中的情緒狀態。希望大家幫自己定一個明確目標，在這個期間裡做一個情緒穩定的人，包括不失控、不發脾氣…等。

情緒管理21天打卡挑戰				
天數	今天的主要情緒狀態	今天引起情緒波動最大的事情		為自己今天的情緒狀態打分數（分數越高，情緒越穩定；滿分為10分）
		起因經過	情緒感受及所採取的行動	事後結果
1	快樂□悲傷□ 恐懼□壓抑□ 憤怒□嫉妒□ 其他□ ＿＿				
2	快樂□悲傷□ 恐懼□壓抑□ 憤怒□嫉妒□ 其他□ ＿＿				
3	快樂□悲傷□ 恐懼□壓抑□ 憤怒□嫉妒□ 其他□ ＿＿				

（續表）

4	快樂□悲傷□ 恐懼□壓抑□ 憤怒□嫉妒□ 其他□ ____			
5	快樂□悲傷□ 恐懼□壓抑□ 憤怒□嫉妒□ 其他□ ____			
6	快樂□悲傷□ 恐懼□壓抑□ 憤怒□嫉妒□ 其他□ ____			
7	快樂□悲傷□ 恐懼□壓抑□ 憤怒□嫉妒□ 其他□ ____			
8	快樂□悲傷□ 恐懼□壓抑□ 憤怒□嫉妒□ 其他□ ____			
9	快樂□悲傷□ 恐懼□壓抑□ 憤怒□嫉妒□ 其他□ ____			

（續表）

10	快樂□悲傷□ 恐懼□壓抑□ 憤怒□嫉妒□ 其他□ ____			
11	快樂□悲傷□ 恐懼□壓抑□ 憤怒□嫉妒□ 其他□ ____			
12	快樂□悲傷□ 恐懼□壓抑□ 憤怒□嫉妒□ 其他□ ____			
13	快樂□悲傷□ 恐懼□壓抑□ 憤怒□嫉妒□ 其他□ ____			
14	快樂□悲傷□ 恐懼□壓抑□ 憤怒□嫉妒□ 其他□ ____			
15	快樂□悲傷□ 恐懼□壓抑□ 憤怒□嫉妒□ 其他□ ____			

16	快樂□悲傷□ 恐懼□壓抑□ 憤怒□嫉妒□ 其他□ ____			
17	快樂□悲傷□ 恐懼□壓抑□ 憤怒□嫉妒□ 其他□ ____			
18	快樂□悲傷□ 恐懼□壓抑□ 憤怒□嫉妒□ 其他□ ____			
19	快樂□悲傷□ 恐懼□壓抑□ 憤怒□嫉妒□ 其他□ ____			
20	快樂□悲傷□ 恐懼□壓抑□ 憤怒□嫉妒□ 其他□ ____			
21	快樂□悲傷□ 恐懼□壓抑□ 憤怒□嫉妒□ 其他□ ____			

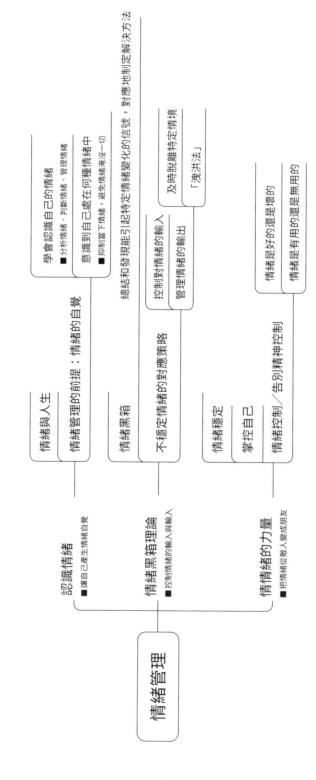

情緒管理

認識情緒
■ 讓自己產生情緒自覺

　情緒與人生
　情緒管理的前提：情緒的自覺
　　學會認識自己的情緒
　　　■ 分析情緒、判斷情緒、管理情緒
　　意識到自己處在何種情緒中
　　　■ 抑制當下情緒，避免情緒淹沒一切

情緒黑箱理論
■ 控制情緒的輸入與輸出

　情緒黑箱
　不穩定情緒的對應策略
　　控制對情緒的輸入
　　管理情緒的輸出
　　總結和發現能引起特定情緒變化的信號，對應地制定解決方法
　　　及時脫離特定情境
　　　「洩洪法」

情緒的力量
■ 把情緒從敵人變成朋友

　情緒穩定
　掌控自己
　情緒控制／告別精神控制
　　情緒是好的還是壞的
　　情緒是有用的還是無用的

146

第七章

形象管理

「以貌取人」曾經是
選拔人才的規定嗎？

形象管理的本質是自我管理

在個人形象上的展現。

1 形象管理的本質——與自我管理的關係

管理不好外在形象的人也很難管理好自己的內心。

小時候，我在雜誌上讀過不少愛因斯坦的故事，有些也不知道到底是真是假。但其中有一則小故事，我至今記憶猶新。

故事內容是這樣的，愛因斯坦有天在大街上遇到朋友，朋友看到他穿著一件很舊的大衣，便忍不住和他說：「愛因斯坦先生，你有必要買一件新大衣啦」。可是愛因斯坦卻回答：「不買，反正這裡誰也不認識我」。

幾年後，愛因斯坦成了著名的物理學家。有一次，這位朋友又遇到他，看到他仍然穿著當年那件大衣。於是朋友再一次勸他換件新的大衣。沒想到愛因斯坦這回卻說：「何必呢，反正現在這裡每個人都認識我了」。

這個故事主要是講愛因斯坦的幽默，以及不注重外在穿著的特點。愛因斯坦到底有多幽默，我不知道，但愛因斯坦確實不修邊幅，很多書上都這樣描述他。

據說，2012年希伯來大學的愛因斯坦網路檔案館建立後，首次在線上公開了一批文件。這些檔案中，除了一些珍貴的學術文獻，還有

149

一位六歲小女孩寫給他的信。而這封信吸引人的地方，不是小女孩有多喜歡物理、多喜歡學習，而是連她都看不下去愛因斯坦的外在形象了。下面是這封信的譯文：

「親愛的愛因斯坦先生：我是一個六歲的小女孩。我在報紙上看到了你的照片。我覺得你應該趕緊去理髮，這樣能讓你看上去更好點。」

愛因斯坦的故事深入人心，我小時候也覺得愛因斯坦這麼厲害，一定是把精力都放在學術追求上了，看來外在形象不重要，只要專注內在美就好了，邋遢點沒關係的，以致於我有一段時間，也有點不修邊幅…。

但隨著年齡漸長、進入社會後，我逐漸明白：愛因斯坦可以不修邊幅，但你我卻不行。我越來越意識到在工作中、在團隊裡，一個人做好形象管理的重要性。形象管理（我說的不是長相而已），對於個人發展絕不僅僅是錦上添花的作用，有的時候還非常重要。

重要到什麼程度呢？「以貌取人」曾經是我國古代選拔官員時的硬性標準。唐代選拔官員有四方面的條件要求，一是身，二是言（言談），三是書（書法），四是判（判案文辭）。其中第一條要求就是「身」，意思就是身材相貌，要豐滿高大。

後來的朝代，雖然對官員的選拔標準有所變化，但是一個人的外在形象始終在某個程度上會影響主管、同事對他的判斷。有人甚至因為長得不好看，到手的狀元都飛了。這位不幸的狀元就是古代建文帝時期的王艮。據史書記載，王艮在殿試中策論獲得第一名，即將成為當科狀元之際，卻因為他「貌寢」（相貌不好），建文帝不喜歡他，把狀元給胡廣了。

人的外在形象始終是他人評價時的重要參考之一。比方說，一群畢業生參加企業的群體面試，談吐好、形象佳的同學有更大的機率被錄用。所以，為什麼要做好形象管理？答案很簡單：大多數人習慣「以貌取人」。做不好形象管理的人，往往也做不好其他自我管理細項。不要因為愛因斯坦頭髮像雜草一樣，就認為個人的內在成長和外在形象關係不大。實際上，只要仔細觀察，就會發現很多有成就的人都對自己的外在形象很要求，有時候甚至近乎嚴苛。

管理不好外在形象的人也很難管理好自己的內心。

請注意，我們常說的「以貌取人」，有時並不是貶義詞，因為一個人的外在形象，很多時候確實能反映出他平時的生活狀態、自我管理能力⋯等。但外在形象並不單單指一個人天生的長相，還包括了日常洗護、服裝搭配、肢體形象⋯等後天可以努力的東西。

當然，你可能會問：「既然愛因斯坦可以不修邊幅，為什麼我們不可以呢？」這確實挺有意思的，所以我才故意用愛因斯坦不修邊幅的例子作為本章開頭。你不妨觀察看看科學家、藝術家，以及政治家、專業經理人這兩類人外在形象上的差別，或許就能明白一二了。

我不是時尚博主，我講形象管理不是教你怎樣時髦動人，而是想告訴你，在職業發展、個人成長的過程中，形象管理是不可忽視的一項能力，我以自己的經驗和你分享如何進行形象管理。

我堅持一個看法：「形象管理的本質，是自我管理在個人形象上的展現」。自我管理說到底是一個由內而外的過程，其中有一些關鍵原則可以掌握，將分享在下一節文章裡。

2 四個基本原則——
良好形象的「最大公約數」

> 我們既要認識「相貌堂堂」的價值,也要明白「相
> 由心生」的道理,同時,還要懂一點「凡所有相,
> 皆為虛妄」的知識,解構虛幻的消費主義妄念。

在開始分享形象管理基本原則之前,我想問你三個小問題:

Q 在社群媒體上,有很多看起來很帥很漂亮的人,你喜歡看嗎?

Q 你在工作中實際遇過這樣的人嗎?

Q 如果遇到了,你會放心地把很有挑戰性的工作交給對方做嗎?

對於這些問題,每個人都有自己的答案,答案不一定相同。但我用這些問題引入,只是想告訴你,有不少人在形象管理上做了功課,但實際上卻不知不覺給自己挖了「坑」。這是因為他們並沒有意識到,形象管理是有些基本原則的,但他們有意無意違背了這些原則。

以下是我總結的個人形象管理四大基本原則。如果你能做到這些,至少在個人形象這件事上不會被扣分。

一、狀態上－精神飽滿、積極向上是基本要求:

我觀察過不少有成就的人，他們的外表都有一個特色，那就是「精神飽滿」。大多數時候，這些人看起來活力滿滿，無論是工作、開會、談判，而他們本身也願意和精神飽滿、積極向上的人打交道。

人各有特色，有的人可能具有詩人氣質，眉目間盡是傷春悲秋之氣；也有的人看起來柔弱可人；還有的人做事慢條斯理，這些都不是不好的個人特色，但我們談的形象管理是從職場、從個人成長的角度來談的。所以，無論外貌、動作都要展現出自己幹練的一面。

一個打扮得柔柔弱弱的網紅，在社群媒體上可能會吸引一些人的關注，如果他們就靠這些來進行流量變現，那可能是他們的一種生存策略，儘管我不提倡。但是，如果你在工作中模仿他們的妝容打扮、語氣神態，那身邊的主管、同事很可能會擔心——這麼柔弱能不能積極把事做好？碰到問題時，敢不敢負責任啊？在職場需要的是精神飽滿的狀態，這樣工作才有幹勁。

二、形象上－乾淨整潔是第一要義：

形象上要乾淨整潔。這聽起來很簡單，但很多人卻忽略了。雖然美感是主觀的，美的標準、時尚的標準總在變化；不過，相對來說，客觀的、不變的一個大原則是：「乾淨整潔」，這其實才是一般人審美觀的「最大公約數」。

在職場社交場合中，不管你打算讓自己呈現怎樣的外在形象，最好讓自己看起來是乾淨整潔的。有些人很重視穿著，但是頭髮總是沒打理，甚至是翹起來，真心建議他們不如每天早上多花五分鐘時間洗頭，把頭髮打理得清清爽爽，整體看起來才會和諧和體面。

三、風格上－符合定位，不妨隨波逐流：

在形象管理上，跟隨主流的人反而煩惱少，若想刻意標新立異，就要有被當成異類的心理準備。經常有人半開玩笑地吐槽：「你們這些工程師是不是一輩子只會穿格子襯衫啊？」對此，我的看法不同，格子襯衫有什麼不好呢？只要乾淨整潔，身為一個職場人來說，他的打扮至少是合宜的、及格的，更重要的是，符合他在職場上的定位。

我有位工程師朋友，之前去互聯網公司面試，他穿得西裝筆挺、光鮮亮麗，面試過程也滿順利，但是不知道為什麼，面試官看著他露出了幾次莫名其妙的微笑，我朋友始終不知道那微笑是什麼意思。報到那天，他依然穿西裝去，還特意把頭髮梳得油油亮亮。結果一到公司就尷尬了，同事們都穿T恤或格子襯衫，他反而像是去公司談生意的業務員，顯得很突兀。

我想說的是，在職場上，形象管理的主要目的並不是讓別人看到你就覺得眼睛一亮，而是為了打造能讓對方產生信賴的合宜形象，太過特立獨行不見得是亮點，有時會讓人忘了你原本的職務和專業。想要打造自我形象，得看場合需求來調整，無論你在科技業、金融產業、傳統產業、設計產業、新創產業上班，在公司裡都有各自適合的形象設定，只要和你職場的主管、同事氣場彼此相合就可以了。

四、觀念上－一定要把握適度原則：

最後，不管在什麼情況下，做形象管理都要把握適度原則。這裡的「適度」有兩個意思。

第一，你的個人形象不要極端化。比如說，太胖不好、太瘦也不可取，因為在一般大眾的印象裡，這兩種似乎都不是那麼地「健

康」，想辦法為自己打造健康有朝氣的形象是重要的。

第二，做形象管理時，在時間、精力、金錢上都要適度。形象管理只是自我管理中的一環，把全部精力都花在形象包裝上，在我看來，並不可取。

之所以特別強調「適度」，是因為我們身處於消費主義浪潮洶湧的時代，這是全世界都面臨的問題。很多時候，不是需求本身創造了消費，而是階級攀比的心理刺激了消費。我在一篇文章中曾討論過這問題：按自己相應的能力、時間和金錢打理形象，量力而為就好；一個人顯現出來的氣質和談吐，大過於全身用名牌包裝，有時反倒顯得違和不相襯。

我們學習形象管理，既要認識到「相貌堂堂」的價值，充分重視自我的外在形象，也要明白「相由心生」的道理，因此注重外在形象的同時，還要關注內在的自我管理，懂一點「凡所有相，皆為虛妄」的知識，可以解構那些虛幻的消費主義妄念。

3 重塑「精氣神」——
改善動態形象和固態形象

一個人的形象管理能力是可以通過後天努力得到極大強化的。

相貌是天生的，但一個人的形象管理能力卻可以透過後天努力得到極大強化的。即使你覺得自己天生長相有點吃虧，但是你的精氣神、你的氣質是可以得到很大改變的。而這些才是對你人生影響更大的事。

形象管理包括哪些方面呢？我思考出兩個概念，我把它們稱為「動態形象」和「固態形象」，這是一個框架式的總結。

所謂動態形象，指的是人需要行動起來才會呈現出的形象。它更多地體現在和他人交流溝通的過程中。所謂固態形象，指的是人不需要行動起來也會呈現出的形象。是不管什麼時候，不管是和誰交流，還是一個人安靜地待著，別人都會關注到你的那些形象，是相對固定的。

這兩種狀態是一個簡單的、粗略的概括，其實就是一個人，或職場人、社會人最常具備的兩種狀態。在你和他人進行溝通之前，對方會注意到你的固態形象。當你們有了互動之後，對方會進一步關注你的動態形象，進而對你形成更深的印象。

一、動態形象

（1）語言交流：語言內涵、語速／語調／語氣、口齒清晰程度
（2）體態動作：坐姿站姿、溝通動作、臉部表情

二、固態形象

（1）內在因素：飲食、鍛煉、睡眠
（2）外在因素：女士妝容、男士髮型、穿搭

動態形象、固態形象各有兩大方向的重點，以及延伸細項，共十一個。你可以自行對照、發揮自己的長處，補齊自己的不足或弱點。接下來針對動態形象（語言交流、體態動作）和固態形象（內在因素、外在因素）詳細說明：

一、動態形象：

包含了語言交流和體態動作，而語言交流在形象管理中非常重要。我相信你也有過這樣的經驗，新認識一位朋友，覺得對方看起來賞心悅目，但是聊天之後，在印象上卻打了折扣。為什麼呢？因為一個人說話的樣子最能展現出素養和風度。不管是談戀愛還是談事情，最重要的都是「談」這個字。

如何為自己在這方面的形象加分？有三個部分可以著手：語言內涵、語速／語調／語氣、口齒清晰度。

首先是語言內涵。腹有詩書氣自華，這句話絕對不是虛言。建議你多閱讀書籍、多思考以提升思想深度，慢慢累積增強這方面的能力，沒有什麼捷徑。其次是語速／語調／語氣。說話太快或者太慢，都讓人難受。語調語氣過於平淡，可能讓人抓不住重點；語調太激烈

或者語氣不妥，也使人不舒服。最後是口齒清晰度，無論說話不標準或聲音綿軟無力，與人溝通時都很吃虧。

如果你的語言表達確實對你的個人形象產生較大的影響，可以試試下面幾個辦法：上一些說話術的課程、常朗讀文章（能幫助你更好地控制語速／語調／語氣），找幾位你覺得說話口齒清晰又悅耳的人，仔細研究他們說話的方式。另外，也可以學習唱歌，從中了解如何正確發聲。很多人說話綿軟無力的原因在於只用喉嚨發聲，而不是運用丹田的力量，因此有氣無力。

再來是體態動作。我們應該注意的要點包括：坐姿站姿和走路姿勢、溝通動作、臉部表情。首先注意坐姿站姿、走路姿勢。很多人應該都被吐槽過「坐沒坐相，站沒站相」。站姿和坐姿不好看是因為含胸駝背這種不自覺的身體習慣。有這方面困擾的人可以試試以下的辦法：

比較簡單的比如練習靠牆站，這個辦法真的挺有效。很多人走路、坐著都會向前傾，但要是有意識地抬頭挺胸，有時候又會矯枉過正。靠牆站的時候，人處在一種比較標準的站立狀態下。而站姿也會影響坐姿和走路姿勢。每天有空的時候站一站，過一段時間就能有所改善。又或者嘗試運動健身，長期下來能夠有效改善體態的展現，無論坐或站都比較挺拔。

特別強調一點：如果你總是彎腰駝背或者兩肩不平衡，你應該考慮自己是不是需要進行骨科治療。我也是最近幾年才發現，很多人在青少年時期就出現了脊椎側彎…等問題，但是不少人卻一直沒有發現這個狀況的嚴重性。如果你的脊椎、頸椎、腰椎總是不舒服，不僅會影響體態，更影響身體健康。

其次，我們也應當注意溝通時的動作。如果看名人們的演講，會發現他們的動作往往和語言、表情都配合得很好，這是許多人缺乏練習的地方。一般來說，需要注意兩點。一是有意識地在溝通中搭配動作。很多人講話的時候沒有動作，很難讓聽眾感覺到內容起伏、情緒狀態。對這方面有興趣的人，推薦你去看看TED[註]演講，很多演講者既不會把動作做得特別誇張，又能充分利用動作調動演講的節奏。二是避免一些無意識的動作，有的動作可能被認為有不友善或不恰當的含義。比如，我就有朋友在點菜時習慣用中指去指菜單，類似這種下意識出現的動作。

再來是注意交流時的臉部表情。臉部表情的管理屬於形象管理中較重要的一點。不少人容易「喜怒形於色」，比如看不起一個人，往往會不自覺地翻白眼…等鄙視的神情，但有時他們可能根本沒注意到。另外，有人會有聳鼻子、皺眉…等讓人覺得不舒服的習慣性表情，有時候是從小養成的，反倒更需要刻意地去糾正自己。

有些人會「刻意管理」自己的臉部表情，他們不僅喜怒不形於色，甚至讓表情成了「個人品牌的一部分」。有個簡易的方法：多對著鏡子講講話，藉此了解自己各種表情的視覺效果。但更重要的是，常常主動觀察自己的情緒、克制情緒、調動情緒。我認為，自我管理是個系統性工程，其中形象管理和情緒管理有著交叉聯繫，這方面大家可以多觀察和琢磨。

【註】
TED 是位於美國的非營利組織，TED 代表了科技、娛樂和設計，他們定期邀請世界各地的學者、不同行業的知名人士演講，舉辦 TED 大會。

二、固態形象：

一個人的固態形象就是一眼看上去的「精神面貌」，這由兩方面來決定，一方面是你內在的精神狀態，也就是精氣神；另一方面，就是外在的造型修飾了。

① 內在因素

內在的精神狀態靠什麼？除了內心目標感、驅動力的外在體現，還得靠飲食、鍛煉、睡眠。關於這方面的內容，後續在「自律」、「時間管理」這兩章再仔細介紹。

② 外在因素

利用化妝、髮型、穿搭讓自己呈現更好的狀態，這些在網路上都能找到很多資料，在這裡我要談的是「得體」的概念。

對女生來說，最可能犯的小錯誤不是不懂妝容和穿搭，而是與當下場景是否相襯。在職場上，好的穿搭不是花枝招展、展現好身材，而是符合自己職務身分與場合的穿著。至於男生，不妨花點時間把髮型打理好（至少剪一個方便每天整理的清爽髮型）、穿上乾淨且熨得平整的服裝，不要覺得「反正我是男的，外表不重要啦」，無論在哪個時代、性別、什麼產業工作，打扮得體絕對是打造自我形象的最基本條件。

4 兩個獨特方法—— 案例學習法與表演提升法

做任何研究，一開始都可以先找個榜樣，
從觀察開始，這叫作「案例學習法」。

　　如果問你：「誰是最注重形象管理的人？」許多人都會直覺回答：
「明星、演員」，因為他們往往要靠「形象」吃飯，所以在談吐舉
止、飲食和體態控制、妝容穿搭⋯等方面都很注意，這是因為他們的
工作在倒逼他們做好形象管理。

　　那一般人有什麼好辦法能倒逼自己呢？可以透過閱讀、學習能提
升個人涵養，由內到外改善你的形象，但這是一個長期的過程。如果
想在短期內先從外部開始提升個人形象，不妨就借鑒明星、演員們的
辦法吧，可以參考以下：

一、案例學習法－觀察明星的外在，幫助自己提升形象：

　　我們不必追星，但可透過觀察明星的外在或他們扮演的角色，
來幫助自己提升形象，這叫作「案例學習法」。找一個你理想中的的
形象，然後觀察、學習他的談吐、動作、穿搭風格⋯等。以男演員為
例，陳道明看起來是一位得體的中年知識分子，吳京是鐵血硬漢的形
象，孫紅雷是壞壞的但有擔當的形象，黃渤是幽默有才的形象，胡歌

是兼具顏值和演技的實力派…等，找一個你希望成為的樣子，但不是完全模仿對方。

我們從事任何研究，在初步的階段也是先找個榜樣，從觀察開始，這在形象管理上也通用，透過亦步亦趨的觀察，可以更快更好地掌握訣竅和方法。

二、表演提升法－參加舞台表演，呈現更好的形象：

我朋友是南方人，普通話發音不太標準，性格內向，講話聲音不夠響亮。剛上大學的時候，每次和他聊天，發現他咬字不太清楚，而且打扮又有點像周杰倫，所以我們給他取了個外號叫「文學院周杰倫」。但到了大二大三，我們慢慢地發現：他講話怎麼俐落了不少？吐字清晰、語速語調適中，而且中氣很足。不僅如此，他走路的姿態原來不標準，現在也變得筆挺了。

我們好奇，究竟是什麼讓他有如此大的轉變？直到有一次，我們看他上台表演才恍然大悟。自從他參加話劇社之後，經常要練台詞、走台步，當然，也要打理好精神狀態，不知不覺中，整個人慢慢變了。他參加社團本來只是個人興趣，沒想到有了意想不到的收穫。自此，我就常關注要常常上台表演、不同社團的同學，我發現他們的身材都很勻稱優美、很少含胸駝背，至少在體態上是有朝氣、有自信的。

當然，我們絕大部分人不是專業演員，但如果你是大學生或職場新鮮人，不妨參加社團學習話劇、樂器、唱歌…等表演。在排練過程中，無論語言交流、體態動作、妝容穿搭都可能有非常明顯的改變。

多年後，重新想起「文學院周杰倫」的故事，讓人感慨頗多。他

出於好奇和興趣去練習話劇表演，沒想到卻讓自己在形象管理上有了突破。其實，在個人形象管理，甚至自我管理、自我成長之路上，如果你願意且有心改變，往往會有很多意想不到的收穫。

在人生中有太多「種瓜得豆」的故事。一兩次的播種也許沒有結果，不要氣餒，最終的改變是留給一直堅持耕耘的人，這是專屬於終身成長者的快樂，不足為外人道也。

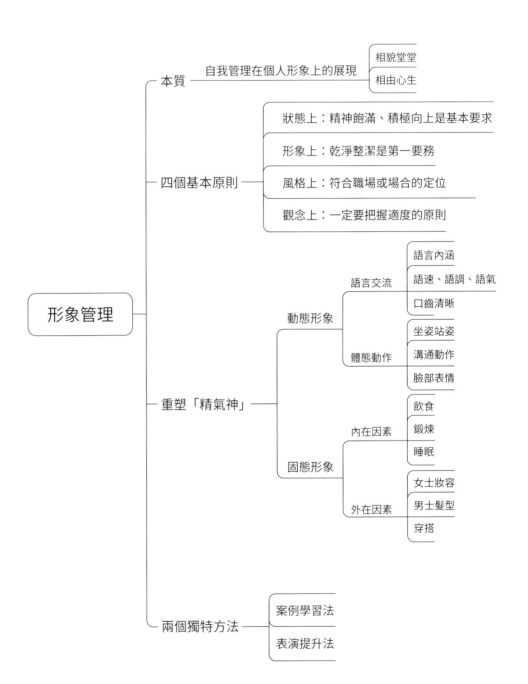

形象管理

本質 —— 自我管理在個人形象上的展現 ┬ 相貌堂堂
                                    └ 相由心生

四個基本原則 ┬ 狀態上：精神飽滿、積極向上是基本要求
            ├ 形象上：乾淨整潔是第一要務
            ├ 風格上：符合職場或場合的定位
            └ 觀念上：一定要把握適度的原則

重塑「精氣神」 ┬ 動態形象 ┬ 語言交流 ┬ 語言內涵
             │   │   ├ 語速、語調、語氣
             │   │   └ 口齒清晰
             │   └ 體態動作 ┬ 坐姿站姿
             │   ├ 溝通動作
             │   └ 臉部表情
             └ 固態形象 ┬ 內在因素 ┬ 飲食
                       │   ├ 鍛煉
                       │   └ 睡眠
                       └ 外在因素 ┬ 女士妝容
                                ├ 男士髮型
                                └ 穿搭

兩個獨特方法 ┬ 案例學習法
            └ 表演提升法

第八章

自律

跳出自虐陷阱，
通往自由境界

自律不只是一種生活方式，

更是一種思維方式。

1 走出常見誤區——
自律有三重境界，你在第幾重？

今天不想跑，所以才去跑，
這是長跑者的思維方式。

「自律」是一個許多人常談、很多文章也常寫的概念，但鮮少人會深度思考自律的真正意義。以下先問大家幾個比較尖銳的問題：

Q1 禁慾算不算自律，無欲無求算不算自律？
Q2 明明重感冒，還堅持去健身房跑步算不算自律？
Q3 每天按時吃飯睡覺，從不和人打交道算不算自律？

先回答後兩個問題的部分，如果真的有人去做，我個人覺得純屬思維有問題。自律就是自我折磨嗎？自律就是要把自己變成機器人嗎？這絕對是誤解。

我們不是苦行僧，不是要修仙練道、吃齋念佛。**所有的自律歸根究柢，都是為了更好的自己和更好的生活。**你應該分析：你所謂的那些自律有哪些讓你變得更好，讓你的生活越過越好了？

自律不只是一種生活方式，更是一種思維方式。

自律到底是什麼？這裡會用到框架式思維，也就是理解一個概念，首先設立幾個框框圈住，才好從內涵、外延各個角度去觀察它、

了解它。按照框架式思維的方法，我將在本章中詳細解答關於自律的三個層次。

第一個層次：學會控制

自律的下限應該是有意識地控制。在「底層思維」這一章裡，我講過：「人的思維是可以訓練的」。也就是說，**如果你找到科學的方法，有意識地去鍛鍊，它會幫助你的主動意識慢慢接管那些被本能支配的部分**。這其中，接管高級意識的部分是底層思維。而接管基礎本能（吃、睡、性慾、情緒…等）的部分就是自律。最核心的一點就是，你需要按照自己的真實想法去生活、工作，而不是憑藉本能和感覺。

在這個層次裡的自律，是你根據自己的思考和需要，有意識地抵抗讓你沉溺其中的本能慾望。比如，無節制的飲食、熬夜追劇、晚睡晚起…等。對這些控制，本質上是一種對抗，需要個人極強的意志力和大量的精力。這裡又引申兩個推論：

（1）要做到這種層次的自律，與其努力去自律，不如多花點時間研究如何提高自己的意志力，更好地管理自己的精力。

（2）不要在深夜裡、情緒不好時…等意志力和精力比較匱乏的時候，去挑戰自己的自律，因為你很可能感到更加挫折，甚至一蹶不振。尤其在深夜裡，一定要遠離誘惑。

控制自己的核心在於自我洞察。想控制自己的本能，就一定要將自己從失控的邊緣拉回來，要意識到「失去自律是一件多麼可怕的事情」。人的大腦皮質能抑制本能，你一旦意識到自己正在失控，就相當於喚起了大腦皮質的抑制作用。而反覆地喚起，就像每天鍛鍊肌肉一樣，是在強化這種能力。

第二個層次：形成節奏

有些網路文章會吹捧一些明星「很自律」，大多是減肥、健身之類的自律，目的是保持良好身材。但只從這個面向談「自律」未免太單一了，仔細想想，明星之所以要自律地保持身材，因為那是他們表演的資本。如果把這種自律放到其他領域，例如科學研究家，很多人在投入高強度科研和學術創作的時候，那種嚴格的學習、認真的研究，同樣也是自律的一種。所以，穿透表象來看，真正自律的人是不可能在每件事上都做到嚴控自己的。

我讀高中的時候，有一天痛定思痛想要改變自己過去那種懶散的個性，於是給自己定了很多「自律計劃」，包括持續學習、控制情緒、堅持跑步，甚至連上課時怎麼保持坐姿、如何握筆都想到了，最終卻是一敗塗地。人哪有那麼多精力能分配到每件事上去啊。所以，說到底，這個層次的自律真正要做到的就是七個字：「有所為，有所不為」，也就是知道應該在什麼事情上自律，在什麼事情上選擇適當放鬆。

我們都知道，早睡早起是最典型的自律，但對我個人而言，這麼多年幾乎從來沒有早睡早起過。因為長期熬夜加班，習慣晚上睡得比較晚，完成工作再繼續寫作。同時，早上能多睡就盡量多睡一會兒，但我這些年裡一直堅持創作，在工作結束後還堅持完成這本書的寫作與出版，你能說我不自律嗎？

我還看過一個很成功的自媒體作家在讀者留言誇他自律時，非常誠懇地回覆道：「我的工作毫無規劃，我的日程安排糊裡糊塗，我的興趣轉移也很快，我的生活作息一團糟，我買了健身房課程卻一次也沒去。但我一旦認定的事情就一定要做到底，而且盡心盡力」你覺得

他算不算自律呢？

其實，認定才是關鍵。「認定」意味著對自己、對目標都有著非常清晰的認知，在這個基礎上，做好發力方向的選擇、時間精力的分配⋯最後形成一種「節奏」，這是自律的第二重境界。

所謂節奏，就像足球、籃球比賽時的球員，他們會選時機進攻、防守，哪裡要全場緊逼，哪裡又要適當放開。如果節奏亂了，比賽也就毀了。像跑馬拉松也是，全程要保持什麼步幅、步頻、調整呼吸⋯全配合好了，就算跑再久都能堅持；配合不好，就算只是短跑，步伐、呼吸一亂掉，身體就難以負荷。

自律就是要找到屬於自己的節奏，有張有弛，有收有放。

為什麼我不推薦大家只看幾篇關於自律的文章，就去學別人怎麼健身、怎麼早起？因為那是別人的節奏，**不要簡單複製他人的自律，你看到的不過是一個點，並非他們自律的全部**。所以如果盲目去學，學到的也只是皮毛。

真正重要的，是你要找出自己的「有所為」和「有所不為」。

第三個層次：自我主宰

剛才說的「節奏」，是我推崇的自律模式，也是最適合普通人去訓練的模式。但在這之上，還有一個上限——**自律的根本一定要符合人性，而不是變成機器人**。過度要求所謂的自律，不僅不會帶來好的生活，甚至可能會給個人帶來麻煩。

很久以前，我在一篇文章裡寫過：「一個生活完全規律、事事精確

控制的人和一個虛度時間、生活狀態失控的人，在本質上可能都是一樣的」。很多人不太理解這句話，我的意思是真正的自律是從心所欲不逾矩，而不是凡事、每時每刻都給自己設限，像個上了發條的鐘錶一樣地生活。

我們一定要清楚，自律的本質不是讓人痛苦，而是讓人「延遲滿足」。認識到了這個層次的自律，就不會去糾結在小事小節裡的自律了。比方說，我今天堅持×××了嗎？我今天做到×××了嗎？這都已經沒有太大的必要了。你應該把自己置身於一個長期的階段裡，直接對準一個「理想狀態」，它包含了對理想生活的期望，以及達到這種理想生活的自我狀態。

以我自己來說，支撐著我這些年如此高強度地工作和學習的，就是我為自己設置一個足以激發動力的「理想狀態」。我希望在四十歲之前，努力達到以下三個理想狀態：

（1）我可以帶領團隊、整合資源，選擇自己想做的事業。
（2）我有時間和精力多陪家人，多組織朋友聚會，多出去旅遊。
（3）我能保持幾項運動的興趣，讓身體健康。

而要達到這樣的「理想狀態」，就需要從現在開始不放縱自己、不浪費時間、不沉溺於吃喝玩樂、不縱容自己中年發福。當我建立了這樣的目標，並且從內心真正渴望達成的話，就相當於為自己定下了一個承諾：「自律吧！未來你會收穫更多。」先苦後甜的人生，才是最值得過的人生。實際上，在這個過程中，我並沒有覺得很痛苦。

廉德說：「所謂自由，不是隨心所欲，而是自我主宰」。

　　真正的自由都是從一點一滴的自律換來的。當你修煉到可以隨心所欲的時候，反而不需要事事控制了。就像傳說中，達文西練基本功的時候每天畫雞蛋。當他已經能畫出蒙娜麗莎的時候，你覺得他還需要每天去畫雞蛋嗎？

2 慣性與動機——自律的兩大法寶

> 把習慣和動機結合起來，把你的自律用到更重要的事情上。

思想是行動的前導，只有從思想上真正認清何謂自律，你的行動才有意義。我始終認為，不假思索地學別人去健身、讀書、早起絕不是自律，因為從本質來看，缺乏了對自我的認知，只是跟隨別人的腳步前行而已。下面我將從思維認知層次進入方法論層次，分享關於自律的兩大法寶。

第一個法寶：慣性

在物理學裡，慣性是牛頓第一定律。現實中，慣性也是接管我們生活最重要的力量。幾點起床、怎麼刷牙、怎麼通勤、早餐想吃什麼、吃完後做什麼，睡覺前再看點什麼…等。那些讓我們每天過得毫無起色的東西，是種「習慣」。在一些傳統觀點中，自律最難的一點就是改變固有的習慣。人們會花很多的時間和精力，告訴自己怎樣才能改變暴飲暴食的習慣、貪吃嗜睡的習慣，甚至是縱慾的習慣。

對此，我的看法不太一樣。既然習慣的力量如此強大，我們為什麼非要去選擇對抗而不是合作呢？要知道，單純靠意志力支撐自律，真的是一件非常難的事情。基本上，你大部分的精力都得耗在和習慣做鬥爭上。如果換一個思考方式，其實我們應該把自律變成一種習慣。**依靠習慣的力量而不是意志的力量，去推動自己保持自律。**

　　我會建議，如非必要，盡量不要和已有的習慣產生正面衝突。尤其在一開始嘗試自律的時候，定的目標太高太狠（比如戒煙、戒遊戲）很容易失敗，甚至導致自己以後不敢再嘗試自律了。當你的意志力很薄弱，長期練就的「不自律」的習慣又很強大時，你怎麼抵抗？更好的方法是另起爐灶，**建立一個新的自律習慣，也就是用新的習慣去覆蓋舊的習慣。**

　　就拿最難的戒煙來說，很多人並不是說戒就戒，而是會用嚼口香糖、吃棒棒糖⋯等新的習慣代替抽煙，在強化新習慣的同時，慢慢淡化舊習慣的影響。比如，很多人睡覺前總是會看手機，若用自律的方式，強迫自己每天睡覺前一定不能看手機，真的是一件非常難的事。但如果重新建立睡覺前看幾十頁書、準備第二天要穿的衣服⋯等，就會慢慢取代看手機的習慣。

　　還有一個重點——不需要在每件事上都養成「好習慣」。你應該盡量選擇「影響和帶動其他事情的行為上養成好習慣」。這樣的習慣，我們稱之為核心習慣。相較於這種習慣，走樓梯先邁左腳、擠牙膏要從底部開始擠之類的習慣就真的沒那麼重要了（仍要記住：有所為，有所不為）。

　　但哪些習慣算是核心習慣？比如健身、早睡早起、睡前讀點書。我只舉這三點。但只要你能在這三點中的任意一點上養成自律的習慣，你就能在任何方面做到自律，只是看需不需要而已。比如我雖然習慣晚睡，但那是為了工作和寫作的需要，如果有一天不需要這樣加班熬夜工作，寫作的壓力也降下來，為了身體健康，我隨時可以建立早睡早起習慣的（在出版這本書的時候，我的晚睡習慣已經改掉了）。之所以有這樣的自信，是因為我在別的方面（堅持看書、戒掉網遊、

不輕易浪費時間…等核心層面）從無到有建立起好習慣。

我有個大學同學，在學生時期非常宅，我幾乎沒見過他上午九點前起床，上午的課也都不去上，他說：「太早起床毀了一天」。後來他進入職場，在互聯網公司工作，因為做自己擅長並且喜歡的事情，做得非常好，成長也很快。照理說，他那種作息完全不可能在職場裡混得好啊，但後來聽他說，他重新建立了一個非常特別又符合工作和自身需求的早起習慣。他每天早上六點前起床，用兩個多小時的時間進行簡單的鍛煉，思考和安排一天的工作，查看並回覆信件，接著吃飯、洗漱一下，八點多睡個回籠覺，十點多再起床去上班（互聯網公司上午上班比較晚，他又住在公司附近）。

據他個人分享，每天一早起床，利用了一天中最精華的時間去做最重要的事情，包含鍛鍊身體、吃早餐、回信、安排工作，然後補眠。對他而言，回籠覺的效率非常高，基本上他睡一個多小時起來就感覺精神百倍。當然，這樣的生活習慣不一定適合大家，大家也不是都在十點多才上班的互聯網公司工作。

舉這個例子，只是為了說明「習慣」這種東西，關鍵還是要符合自己的實際情況，畢竟「自律的關鍵是建立屬於自己的節奏」，而不是跟著別人後面跑。

第二個法寶：動機

我一直覺得「沒有動機支撐的自律是不持久的」。很多人曾經問我：「學長，你如何做到在工作那麼忙的狀態下，還能持續寫作？你不累嗎？」

　　說實話，與大學和工作初期相比，我現在的生活非常單調乏味，每天除了工作就是工作，業餘的時間是按小時計算和分配的，就連和別人吃個飯，都要提前很久先約好。每天要幹什麼、什麼時間該做什麼，精確得像個鬧鐘。事實上，我的手機裡的確設了很多鬧鐘，用來提醒自己完成計劃任務。但我一開始不是這樣的，我也曾經浪費大把時間，沒日沒夜泡在網咖裡玩遊戲，動不動就聚會喝酒到深夜…。

　　在本質上，我真的是一個極其不自律的人，否則也不會在大學時頹廢到要退學的地步了。之所以變成現在這樣，我想了很久，得到的結論就是「動機使然」。在畢業前後的那段時間自我剖析，我得出了一個結論：「按照我之前的那種過法，我會變成一個無用的人。」

　　如果我真的什麼都沒做，那麼變成廢物還無所謂。但這麼多年累積下來，我看了那麼多書、涉獵了那麼多的知識、進行了那麼多的思考，經歷了那麼多的挫折坎坷，我不甘心啊！

　　而在閱讀、學習、思考和生活的過程中，我之所以越來越迷茫，關鍵就在於「缺乏清晰的目標」。於是，我為自己的工作和人生定下了目標，然後運用剃刀法則，把目標之外的干擾盡量刪掉，就像我前面分享的那位自媒體人說的：「認定了什麼東西，就盡心盡力達成」，後來我發現還真的有效。在我個人身上，除了升遷、收入增加（這些都是附加的），最明顯的成就在於我的績效考核都是甲等，幾乎拿下該部門裡的所有獎項。我工作幾年後，原來的部門找了三個人，才把我手裡的事情全部接下來。

　　那幾年，我在工作晉升的過程中，公眾號、知乎逐漸興起，我天天看別人分享經驗，看得多了，我決定自己動手寫。現在，我的公眾號和

知乎加起來有上百萬讀者，社群也有五千位以上的鐵粉，我需要對我的讀者和用戶負責。同時，我有了資源可以帶團隊，累積知名度之後，就能立足於現有條件，去做一些更有價值、更有意義的事情。這就是我現在努力工作和寫作的動機，一是盡責、對得起關注我的人；二是想利用這個機會，做一些對人或者對社會有意義、能改變的事情。

所以，人想要自律，不要只複製他人的模式，要找到自己的動機，如此驅動你的力量才夠強大而長久。我總結過十種影響力比較大，可以改變一個人的底層動機的方法如下（這十種動機的詳細分析則請見本章最後）：

第一種：內心深處的極度渴望

第二種：強烈的情緒爆發

第三種：鄭重其事的儀式感

第四種：有特殊意義的人、物、事

第五種：不可推卸的責任和擔當

第六種：異於尋常的巨大震撼

第七種：壓力倒逼、物質激勵和正向回饋

第八種：負能量

第九種：發自內心的熱愛與興趣

第十種：思維體系的整合

把習慣和動機結合起來，就是要把你的自律用在更重要的事情上。所以，關於自律，不要一開始就進入怎麼睡覺、怎麼走路、怎麼微笑這種枝微末節上，而是從大局入手。沒事的時候，早睡是一種自律，但當你為了更大的目標，有更重要的事情要做的時候，說不定每天堅持晚睡反而成了一種自律。

自律要從小事情、小細節開始，但當你進入更高的層次，建立「大自律」後，是可以忽略「小自律」的。總結起來，能夠幫助你自律的最好方法，就是三個字：幹大事。

習慣的東西最怕沒有回饋，堅持了許久好像沒什麼變化，也就不想堅持了。當你定下了幹大事的目標，就可以讓你日常習慣的點滴累積，都變成朝著目標前進的一小步。這也就賦予了日常習慣更高的意義。

比如每天練字，純粹地為了堅持而堅持，和想像一下將來你要簽名在自己的著作或重要文件上、設計自己的公司名字（賈伯斯當年也喜歡研究字體）這兩種堅持的動機截然不同。不要為自律而自律，也別因為看到網路上分享的自律小方法而沾沾自喜，那些都是他人經驗。人想要真正地做到自律，需要運用科學的思維方法，結構化解析自律的本質是什麼，用更深的層次去理解它。然後透過自我剖析找出理想狀態，定下自己的目標、以確切的目標引導，說服自己找到去努力的充分動機。

3 運用「系統論」——
實現徹底有效的自律

任何一個事物都可以被看成一個系統，
系統裡面有很多的成員彼此關聯。

　　用字典查「自律」這個詞的詞源，你會發現它已經存在很久了。字典對它的解釋是「遵循法度，自加約束」。唐代的張九齡說過：「不能自律，何以正人？」一個人不管要做好事情，還是要影響他人，沒有自律，都是做不成的。自律是一個行為狀態，是做好其他事情的前提。但事實上，我們談論個人成長時更接近於「如何才能做到自律」，是由內而外的改變。

　　人生所有的成長和自我改變都是有機的系統。不存在我「什麼都不變，就只變得自律」的情況。如果是這樣，所謂的自律也一定是很淺層、很表面的。為了解決這個問題，我將在本節為大家詳細介紹如何運用「系統論」的方法，幫助自己實現自律。

　　所謂的「系統論」是指任何一個事物都可以被看成一個系統，系統裡面有很多的成員彼此關聯。使用這個方法，我們可以更好地跳出「自律」裡的「自」這個字對思想的影響。讓自律從自己的事變成包括「與自己相關」的事，然後充分利用周遭環境的力量達到自律。

　　系統論包括「內部」和「外部」兩大部分。內部系統是指，把「自己」當作一個系統，外部系統則是利用「自己」周圍的外部力量。

內部系統──自律的驅動力：

如果把人比喻成一輛行駛的車，要保持規律地行駛，就需要幾個基礎條件：確定的目標與方向、平穩的行駛速度、良好的車況。對應到人身上，就是目標與動機、慣性、身體與精神狀況這幾個要素。希望車子長期保持良好車況，就需要不斷保養，人也一樣。**你的身體處於不同的狀態，會對你大腦的行為模式產生不同的影響，而大腦則是你自律的控制器。**

如果你平時對自己的身體狀態缺少感知，不妨做這樣一個小實驗：冥想半小時，在這個過程中察覺自己的狀態。如果你的身體狀態不好，冥想過程中可能會發生下面三種狀況：

（1）如果你沒好好休息，很可能一會兒就睏了，甚至直接睡著。

（2）如果你思緒煩亂或身體不適，你會發現自己比平時更難長時間集中注意力，經常會被其他念頭或身體異常的感覺打斷。

（3）如果你餓著肚子，冥想完畢突然站起來的時候，你可能會有眩暈感。

冥想不僅僅是培養專注力的一種方法，還是檢視自己身體狀態的一個技巧。因為在平時忙碌的工作中，人們按照慣性去行動，很少會觀察自己的身體狀態。但如果一個人的狀態不好，連控制自己冥想一會兒都做不到，又如何在其他事上達到自律？想解決的方法也不複雜，就是：飲食、睡眠、鍛鍊。但一些自以為追求自律的人往往忽視了這幾點，反而走向自律的反面。

我們要注意的是：「從今天開始，放棄每天壓縮睡眠拼命工作」的想法。舉幾個例子，如果做事情的時候發現很疲憊，就先去歇一會

兒或者冥想一下。打算減重的人，但想走捷徑，光用「餓」的方式減肥，長期處於饑餓狀態不僅會影響人當下的自控力，甚至可能會讓人變笨，這是有科學研究根據的。如果發現自己身體不舒服，或總是有各種煩亂的思緒，就不要強行控制自己，去跑步半小時，或者用其他方式轉換身心，待身體舒暢後，自律能力會有大幅度的提升。

外部系統——用他律推動自律：

人要實現自律，可依靠的不是只有自己的力量，用他律（他物和他人）來推動，也是一個很好的辦法。我們進行的每項行為都離不開環境裡的這幾樣東西：時間（在什麼時候做某件事情）、地點（在什麼地方做某件事情）、他人（一個人或是和誰一起做某件事情）。而時間和地點的結合往往會產生一個場景。所以，外部系統中，最值得我們關注的就是場景和人。

（1）場景：很多人在不同場景中的行為習慣都不同。因此，人們可以利用場景切換來逼自己自律，也就是觀察自己在什麼場景中能更好地自律。例如有人在公司或教室裡自律能力強，回到家就不行了，那就把自律的任務留在公司或教室。有人到了凌晨一兩點，情緒容易感傷、難以自控，到了白天就恢復正常，不妨直接調整生理時鐘，提前睡覺就可以了。如果一個人在房間裡總是容易胡思亂想，那就馬上切換場景，出門運動或和朋友相約走走。如果打開手機就忍不住玩遊戲，那用看書取代，如果實在控制不住自己，不妨就乾脆把手機上的遊戲刪掉（讓場景消失）。

這裡另外再分享一個心得。手機，顧名思義就是放在手裡的機器，所以，要想更好地控制自己不玩手機，就要避免每時每刻都把手機放在手裡或者身邊。比如在家裡或者工作中需要專注的時候，就把手機放在

需要走幾步路才能拿到的地方，有緊急電話再去接。除了訓練自己專注做事，也設置一些障礙，藉此戒掉玩手機的癮。

（2）**運用他人的力量**：即透過他人來幫助自己自律。因為每個人都會尋求社會認同感，也會根據他人的行為而做出進一步的反應，這個辦法我以前在文章裡也寫過。王陽明就非常重視讓弟子們聚在一起交流切磋。他不在學生身邊的時候，曾經要求他們每隔幾天相聚一次。他有個學生辦了個「惜陰會」，就是珍惜光陰的意思，王陽明很讚賞地說：「你們如果離群索居，那麼志向就很有可能懈怠下來了，有這樣幾天一次的聚會，正好讓大家互相砥礪」。

那麼，如何借助他人的力量自律呢？一個常見的方法是讓他人監督你。比如，很多人減肥的時候，就會和身邊人說：你要監督我不能多吃、亂吃，但這種方法也有個問題，因為對方是從外人的角度來觀察你的，沒辦法切身體會你的感受，可能沒辦法給你帶來更多的啟發和激勵。更有效的辦法是找一個有同樣目標的人。比如說約一起看書、一起鍛鍊，能讓你形成更好的習慣。甚至進一步討論彼此的目標，一起為了實現目標而奮鬥，甚至為了同個目標而努力。在這樣的過程中，無論是思維上的相互啟發、精神上的彼此激勵，都是一個人自律的時候很難獲得的力量，能幫我們「建立慣性」和「穩固動機」。

每個人心中都有一團火，有人的火一直熊熊燃燒，有人的火已經熄滅，就像蜘蛛網塵封了爐台，就看你能否重新點燃它。

能征服自己的人才是世界上最偉大的人。當你能夠戰勝自我、改變自我，就有了信心和意志的力量，就能保持永不懈怠、永不滿足的狀態，始終充滿鬥志和激情。

附
表
改變一個人的十種底層動機

第一種：內心深處的極度渴望

我們能為改變付出多大的努力，最終取決於我們內心深處的渴望有多強烈。每當自己懈怠的時候，不妨刻意留一段時間問問自己：「我最想要的到底是什麼？為了這個目標，我願意付出多大的代價？」為自己的自律找到一個像呼吸新鮮空氣那樣清晰的目標。**因為渴望有多強烈，奮進的力量就有多強大。**

第二種：強烈的情緒爆發

強烈的情緒是最能激發人深層次動力的東西了。一場透徹心扉的悲痛，一次怒髮衝冠，一次熱淚盈眶的感動，一夜無眠的焦慮……在強烈的情緒刺激下，你總能爆發出極其強烈的動力幫助自律。

第三種：慎重其事的儀式感

很多人喜歡在新年立誓。他們用虔誠的態度為每次自律的新目標設計充滿儀式感的場景，把自我改變這件事變成一件神聖的事。

第四種：有特殊意義的人、事、物

這是能把事情深深刻在記憶中最有用的一種方法。如果你覺得人生裡還沒有這樣有特殊意義的東西，就繼續尋找。在旅途中、在經歷中，去和一個人、一個場景、一個地方建立起獨特的意義聯繫。這樣，每當你想到這個人、回想起這個場景，或者重新回到這個地方，就能從心底湧起無限的衝動。

第五種：不可推卸的責任和擔當

在所有「浪子回頭金不換」的故事裡，我們都能發現曾經的浪子找到了自己的責任，也明白了自己應該做什麼。如果責任和義務把你放在一個無法逃避的位置上，當你真的成為家庭和身邊人的唯一依靠時，別說自律了，什麼樣的付出你都可以接受。

第六種：異於尋常的巨大震撼

「孔子登東山而小魯，登泰山而小天下」，當你在生活中真正經歷一次足以顛覆過往認知的巨大震撼後，就很難再沉浸在過去的狀態中了。這種震撼可以是由一次經歷引起的，或一首歌、一本書、一部電影、一張照片、別人說的一段話、某人正在做的某件事所帶來的。強烈撼動你的心靈之後，就可能迸發出強烈的動力。

第七種：倒逼、激勵和反饋

人在努力奮進的時候是需要回饋的，不管是正向或反向，是物質層面或精神層面。現實可以逼著你去自律，多賺錢也可以激勵你奮進，就像我們前面提到明星的自律。找一個奮發向上的親友作為路途上的夥伴，你就很容易在他的影響（正面激勵、反面倒逼）下，成為一個勇於改變的人，因為你不想讓你信任和在乎的人感到失望。

第八種：負能量

負能量也是能量，最典型的是羞恥感。侮辱與誤解有時候反而會激發一個人強大的鬥志。很多人之所以突然轉了性，是自尊心受損之後產生負能量所致。

第九種：發自內心的熱愛與興趣

之所以把這條放在這個位置，是因為這幾乎是「最正確的廢話」。我們都知道，人可以為最熱愛、最喜歡的東西努力奮鬥，但問題在於，長大以後的我們已經很難再憑著自己的喜歡和興趣去做事了。但只要你的內心還沒有放棄這份喜歡和興趣，它就可能不斷地在你的心底製造一股衝動，我們要善用它，為自己喜愛的事情努力。

第十種 ： 思維體系的整合

最後一條是最高級但也最難的。當你從痛苦、反思中一點一點地反覆分析過去各式各樣、亂七八糟的想法，探尋源頭並努力將它們融會貫通、搭建成一個全新思維框架時，你就會發現：思想上的整合會為你帶來對世界、對自己、對他人認知的全新改變。

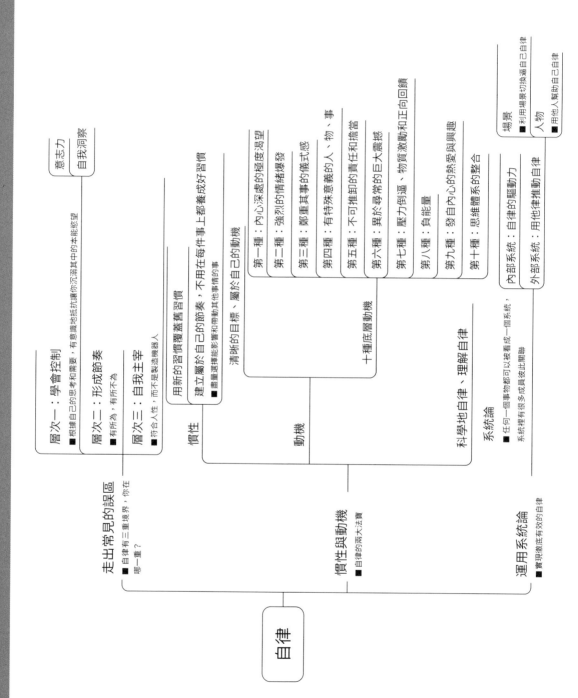

自律

走出常見的誤區
■自律有三重境界，你在哪一重？

層次一：學會控制
■根據自己的思考和需要，有意識地抵抗讓你沉溺其中的本能慾望

層次二：形成節奏
■有所為，有所不為

層次三：自我主宰
■符合人性，而不是製造機器人

意志力
自我洞察

慣性與動機
■自律的兩大法寶

慣性
用新的習慣覆蓋舊習慣
■建立屬於自己的節奏，不用在每件事上都養成好習慣
■盡量選擇能影響和帶動其他事情的事

動機
清晰的目標，屬於自己的動機

十種底層動機
第一種：內心深處的極度渴望
第二種：強烈的情緒爆發
第三種：鄭重其事的儀式感
第四種：有特殊意義的人、物、事
第五種：不可推卸的責任和擔當
第六種：異於尋常的巨大震撼
第七種：壓力倒逼、物質激勵和正向回饋
第八種：負能量
第九種：發自內心的熱愛與興趣
第十種：思維體系的整合

運用系統論
■實現徹底有效的自律

科學地自律、理解自律

系統論
■任何一個事物都可以被看成一個系統，系統裡有很多成員彼此關聯

內部系統：自律的驅動力
外部系統：用他律推動自律

場景
■利用場景切換逼近自己自律

人物
■用他人幫助自己自律

186

第九章

時間管理

時間是多數年輕人
唯一的資本

沒有人活在過去，也沒有人活在未來，

唯有當下，才是生命確實佔有的唯一形態。

1 從複利到定投——了解時間資本

> 少而好學，如日出之陽；壯而好學，
> 如日中之光；老而好學，如秉燭之明。

市面上關於時間管理的方法、技巧的書非常多，在談時間管理之前，先探討「時間到底是什麼？」這個問題不僅很重要，而且非常有意思，只有理解了一樣東西到底是什麼、有什麼特點，才能更好地利用它；說它很有意思，是因為你可能沒有想過，時間到底是什麼？

一、從時間長河裡看時間：

我們從歷史的角度來看待很多事物，這是提升視野和格局的一個重要方法。人類簡史是從整個歷史發展長河的角度來看待人類發展史，若以「假期」舉例，就能稍稍理解時間這個概念。我們每年都會過很多假期：春節、情人節、清明節、端午節、七夕、中秋節…等，我發現一年中的所有假期簡直就是一幅極簡歷史發展圖。這些假期有些來自古代，有些來自近現代，有些還與西方有淵源，我把這樣的現象稱作「假期的社會屬性」。我們對待時間的觀念也充滿了這樣的「社會屬性」，但是時間還有一個「自然屬性」需要深度了解。

二、時間是一條線段、一條跑道：

我們在說時間的自然屬性時，不用關心物理學家怎麼定義時間，只

需關心「我的時間」到底是什麼就可以了。時間的第一個特點是：「時間是一個線段，有起點和終點」。我們每個人的時間都是一條線段，而線段的長度可預估為0～120年。那麼時間的線段具有什麼特點呢？

（1）它是連貫的，不間斷的。這至少給我們兩個啟發。首先，從來就沒有什麼假期是一定要過的，也沒有哪一天有什麼特殊性。以假期來說，上班下班、工作日和週末，只是社會對你時間的安排而已。而實際上，你在成為一個社會人之前，首先是一個自然人，你管理和分配著自己的所有時間，從來就沒有什麼假期不假期的區別。我就是一個沒有什麼假期概念的人，但我很快樂，因為我對我的時間有著更好的分配。

其次，每分每秒都是平等的。所謂的「碎片時間」，碎的不是時間本身，而是指我們的注意力或任務節奏，而碎片時間是可以善加利用的。

（2）它是線性的。時間從來不會回頭。太陽明天會升起，但肯定不是今天的太陽。一年又一年的迴圈只不過是我們社會性的感受而已。我很喜歡村上春樹的一句話：「我總以為十八歲之後是十九歲，十九歲後是十八歲，二十歲永遠不會到來」。但實際上，那只是「以為」，所以要把時間的線性特點考慮進重要決策裡。打個比方：「今年不行的話，明年再來」像這樣的確勇氣可嘉，但說出口之前，一定要想想你到底能不能承擔一年的時間成本。

更準確地說，時間更像一條跑道。它不僅有線段的長度，還有寬度。這表示一條跑道上可以並肩跑四個人，大家能各自運用時間；但你也可以在同一時間線上做好幾項不同的任務。

時間的這些特點看起來不複雜，只要深入理解它，就能讓你對時間管理的原則和方法有更透徹的洞察。

三、時間是一種資本：

時間對年輕人來說是一種資本，而且幾乎是多數年輕人唯一的資本。這句話我最早在〈年輕的時候做點什麼，才能讓今後受益終身〉這篇文章裡寫過：「我們之所以看不透未來的收益，是因為我們現在做的事和未來的目標之間，隔著一重不可逾越的障礙——時間」。

誰也不具有透視未來的超能力，誰也不能百分百保證你現在做的事一定能對未來產生積極的作用（有名師指點和貴人相助者不在此列）。這個問題的本質是**投入——時間——產出**的問題。你要做事，就要投入，但因為存在「時間」這個重大變數，故無法精確地衡量產出。權衡之下，大部分人都會選擇不做事，或者嘗試一段時間後就鬆懈下來。覺得萬一努力後仍無濟於事，還不如當初就躺下來好好休息。

為了破解這個難題，我當年苦思許久後得到一個想法。既然我們的投入都要面臨時間這一個不確定因素的干擾，那如果我們把時間本身當成「投入」呢？之前的公式不就簡化為**投入（時間）——產出**了嗎？畢竟投入需要資本，對於二十五歲左右的人而言，時間就是他們年輕時唯一擁有的珍貴資本。

總結起來就是：所有以付出時間為代價且能產生收益的事情，都屬於可以去做的事情，剩下的就是盡可能地去找出符合上述條件又契合自身需求的實際目標。以下將進一步說明時間這種資本的特點，能讓你更深刻地理解為什麼很多事情一定要趁年輕時盡早去做。

　　（1）如果你投資了優質資產，它會隨著時間為你帶來巨大複利。你可能不知道哪些資產是優質的，但是你一定能知道，花時間做哪些事情是百分之百有價值的。認定之後，只要你去做，一定能產生巨大複利，還有比這更好的事情嗎？

　　在大學裡，有人整天學習；有人整天玩遊戲；有人早早地開始實習；有人看著直播打賞女主播；也有人不停地談戀愛，換男女朋友比換衣服還勤快。這四年裡，其實你看不出大家的生活有太大的區別。但畢業五年後，跑在前面的人就已經很顯眼了。畢業十年後，每個人的生活境遇千差萬別。畢業二十年後再回過頭看，你會發現大家過的完全是不同的人生。這裡說的不同不是財富、地位這些世俗意義上的不同，而是整個人生狀態的不同。

　　記住，是「完全不同」，這一點並不誇張。**我們最應該畏懼與珍惜的就是時間。**

　　（2）資本會面臨通貨膨脹。時間是會貶值的！時間通貨膨脹的速度非常驚人。二十歲、三十歲、四十歲的時間價值是不一樣的，甚至有著天壤之別。二十歲時，你可以花大把時間去學習新的知識技能、累積新資源。三十、四十歲時，大部分人不僅不可能擁有二十歲時的大把時間，就算擁有了同樣多的時間資本，也不可能獲得同樣的資本回報。

　　漢代劉向的文章《說苑》裡有段千古名言，以現在的話翻譯是這麼說的：小時候好學，就像太陽初升，光芒萬丈；壯年好學，如同中午的陽光，明媚耀眼；老而好學，就像蠟燭的光。蠟燭的光雖然微弱，總比在昏暗裡行走要強。仔細想想這個事實，你還能無動於衷地看著自己的光不斷地暗下去嗎？

（3）**資本是可以拿來交換的**。這道理每個人都知道，但談到時間這個資本的時候，很多人會忽視這一點。記住，你可以管理和利用的不僅僅是自己的時間，還可以用很多方式去交換別人的時間。

四、時間可以管理嗎：

這個問題也曾經讓我感到困惑。因為有人說，時間是不可管理的，也有人說，應該管理的不是時間，而是精力。聽起來都很有道理，因為時間和空間都不屬於任何人，從這個角度來看的話或許如此。其實，我們管理的是「時間使用策略與方案」，時間不可管理，但是策略和方案肯定可以管理。

對於時間這個概念，我們自己要多加思考。思考得越深刻，面對時間就會越自由。而掌握了一些具體的時間管理原則和方法，就能更好地運用這份自由，去獲得你所需要的。

2 從原則到方法——時間的短期管理與長期管理

給時光以生命，而不是給生命以時光。

知道了時間的特點後，我們需要根據特點分析時間管理原則和方法，幫助我們掌握框架性的方法並理解箇中原理，就能更好地融會貫通與使用，甚至可進一步衍生出屬於自己的獨特方法。時間有以下三個特點：

一、時間是有長度的，而長度是有限的：

我們需要遵循的第一個時間管理原則：「要事優先」。大家都知道，工作是永遠做不完的，只要你想做事，事情永遠有。對當下的你來說，做每一件事情的時間都是有限的，資源也是有限的，「要事優先」才能實現更好的效果。但如何做到？先思考一下：

當你面對（1）重要又緊急的事（2）重要不緊急的事（3）緊急不重要的事，（4）不緊急不重要的事，這時你該怎麼做？每個人的答案或許不同，你不妨好好想想看。

關於要事優先，這裡介紹一個簡單通用的方法：「每日三件事」法則。在每天早上或前一天晚上，你可以列出第二天你要完成的三件事情，並在晚上複盤。比如，我記錄了自己在寫這篇文章的當天，除了本職工作之外，必須完成的三件事是：公眾號更新、社群主題文章更

新、從已創作的文章中選出幾篇，補充進待出版的書裡。

這個方法有兩個優點：一是簡單、可操作性強，所以持續堅持下去的可能性較大；二是每天思考應該做哪三件事，本身就是在訓練自己對事情重要性的判斷能力。

二、時間是有密度的：

時間管理的第二個特點：重視效率。但如何提升效率？首先從人的注意力著手。提升注意力不能單靠意志，必須藉著有品質的飲食、睡眠、鍛鍊，讓人有更好的精神狀態，其次是從工具著手。

先為大家介紹一種把這兩方面做結合的常用方法，也就是利用工具、提升注意力的技巧：「番茄工作法」。這種工作法是選擇一個你需要完成的任務，然後用二十五分鐘專注做這件事，中途不做任何無關的事。鬧鐘響起後短暫休息五分鐘左右，每四個番茄時段休息一會兒。

你可以使用一些手機App工具來輔助實踐番茄工作法。當然，你不一定要把時間卡死在二十五分鐘，若你認為需要四十分鐘集中注意力攻克一個問題時，可把時間訂長一點。這個方法的核心是：在注意力能集中的時候高效處理，然後休息一下，利於注意力恢復。

同一時間，把注意力集中在一件事情上，是最有效提升效率的辦法，番茄工作法是用規則和工具幫你落實，但這套方法的本質上與學校裡上四十分鐘的課，然後休息十分鐘的邏輯是相通的。

三、時間是有寬度的：

前面提過，時間不僅是條線段，更是條跑道。一條跑道上可以並

肩跑四個人，但你也可以同一時間做好幾項不同的任務。

首先，你不可能全天都採用番茄工作法做事情，有些時候，你不可能將注意力集中在單獨一件事情上。比如，你是一位業務，需要用通訊軟體和客戶溝通方案，但客戶回訊息往往不是即時的。中間的空檔時間，除了等，你還需要做別的事情，類似的情況很常見吧。

其次，思維是個很神奇的東西，大家都有這樣的經歷：有時候你對甲事情的很多好想法，是你做乙事情時突然冒出來的。而讓自己有更多這樣的靈感時刻，其實也是有方法的。因此，我們需要遵循第三個時間管理原則：「並行工作」。你可以同時推進幾項工作，其核心是要提前做好規劃和統籌。

繼續以剛才和客戶溝通方案的案例來說，如果提前做了規劃，在等待客戶回覆的過程中，就可以做些適合碎片時間做的事，比如寫一篇文章、整理要報銷的發票，甚至聯絡簡單事項，內容也不會互相干擾。

具體來說，有兩個方法技巧可以使用：**任務清單、預覽工作法。**

（1）除了最重要的每日三件事，我們還能把手頭上的其他事情也列成一份任務清單。這樣的話，你就能清楚地知道有哪些事是可以並行推進的，有哪些事則是能利用閒置時間完成的。在做甲事情的空檔（可能是五分鐘，也可能是幾個小時），你可以去做乙丙丁等事情。制定任務清單的好處是，你不需要把這些事情存在腦子裡，只要有空檔，打開清單看一眼，把能做完的事馬上做完。這樣，完成一件件任務的過程中，會有很多次小小的成就感。

（2）當然，還有很多事情你沒辦法很快做完，預覽工作法是另

一個好技巧。這是我個人提出的概念，意思是對於接下來要做的幾項工作，先分別預覽大概的任務或內容詳情，放在大腦後台，然後做眼前需要先做的事。舉個最簡單的例子，以前唸書時考國文，老師都會提醒同學們，打開考卷後先看作文題。為什麼呢？因為看完作文題之後，你的大腦就會自動把它放在後台運轉了。在做前面題目的過程中，可能你對於如何寫作文就已經有很好的思路了。

基於時間的長度、密度、寬度三大特性，我整理出了一些值得遵循的重要原則和方法。同時，因為時間是一種資本，對大多數年輕人來說更是最有利的資本。它會產生「複利」，也會因為「通貨膨脹」而貶值。這些特點在實際操作過程中給我們什麼樣的啟發呢？

從最根本上來說，「時間是資本」這種解讀能幫你建立起「長期時間」的概念。其實，上面講到的幾點原則方法，不僅適合中短期的具體工作中使用，它們也能指導你在「長期時間」中使用制定的策略和方案。但你會發現，不少人只是從「中短期」的角度去理解而已。

從長期來看，將時間投入到有價值的事情上一定會有「複利」。這對我們研究時間管理方法有一定程度的啟發。

四、做好「時間保護」：

買過股票的人一定理解投資的第一要義就是「不虧損」，然而投資股票的人多少當過「韭菜」吧？當你把時間看作資本的時候，就會發現：你也做了很多導致時間虧損的事，而這些事本來可以避免的。

股神巴菲特分享過一個理念：「二十個洞」原則。他讓年輕人想像自己有一張卡片，上面只有二十個打洞的位置，這代表了人一生能做的投資，一旦打滿了二十個洞，就不能再進行任何投資。我們花時間做

事，當然不可能只做二十件事，但是巴菲特的話揭示了一個非常重要的道理，就是「學會拒絕」。拒絕你不應該投資的資產，拒絕你不應該花費時間的事情。時間既是你的資本，也是你的生命。要是誰來找你要時間做事的話，那真的是要你的錢、要你的生命啊…你能不好好對待嗎？但不管是投資還是時間管理，都是很多人沒有做好的事。

在今天這個注意力稀缺的時代，誰在爭奪你的注意力？第一，自己；第二，他人；第三，工具。除了本身做好規劃之外，拒絕他人以及工具對我們時間的不當侵佔，應該成為每個人的必修課。

那要如何拒絕別人的需求？方法有很多，我只給你一個簡單的辦法：「價值判斷」。一是看事情本身對你的價值；二是看關係維繫對你的情感、利益價值。如果一件事在這兩方面都沒有價值，就拒絕。怎麼拒絕工具的需求？也有一個簡單的方法：降權。能降權的全降權，目標是把你可能被動受到的影響降到最低，而變成更主動地去搜索查看有價值的資訊。

五、進行時間交換：

我們在保護自己時間的基礎上，還有件非常重要的事情，就是進行「時間交換」，適度使用他人的時間。用錢買合適的商品，是一個雙贏行為；用錢、用資源買合適的他人時間，也是一個雙贏行為。千萬不要什麼事情都親力親為，你會做不到，也會做不好。

因為社會分工看的是「相對優勢」而不是「絕對優勢」。只要別人做這件事情的投入產出比（不單單是成本或者收益）比你自己去做要更好，就可以交換。你可以給下屬和同事分配工作，可以給家人、朋友安排任務，而且你也應該這麼做。

六、進行時間定期投資：

在投資中有個概念叫作「定期投資」。據此，我發明了一個新詞：「時間定期投資」，是在每段時間（比如每個月）內花些錢投資優質的財產，被稱為最簡便、最不用花費多餘精力的投資方法。只要投資優質標的，即使你在短期內可能面臨虧損，長期下來也一定會享受大量複利。

在〈年輕的時候做點什麼，才能讓今後受益終身〉這篇文章裡，我得出了「時間是資本」這個結論，把我覺得年輕時該做的事情分成幾大類：一是工具、技能學習類的事；二是收益與時間長短成正比的事；三是主要以投入時間為代價、存在突破機會的事；四是短期消耗時間卻有長期收益的事。如果這些事就是在做「時間定期投資」，而且是定期投資會帶來複利的資產，那你是不是會有更強的動機去做好時間管理呢？

我不止一次看到有人說：「每天只工作三、四個小時就夠了」。對此，千萬不要相信，因為我們不可能永遠工作、學習，人還需要「時間消費」，也允許「時間浪費（這不可避免）」。我贊同的是，確實很多人高效工作只花三四個小時，這和工作效率有關，但「毛時間」卻是另一個概念。你如果每天只花三四個小時在工作上，效率再高也是空中樓閣。

其實，大部分真正努力的人工作強度都很大。互聯網界「最懶」的CEO——陳天橋的弟弟陳大年，他當年做盛大遊戲透支身體，把身體完全搞垮了。後來，他改成每天工作六個小時。有句話說：「沒有那麼多的時間投入，你橇不開那個改變未來的出口」

帕斯卡也說過：「給時光以生命，而不是給生命以時光」。

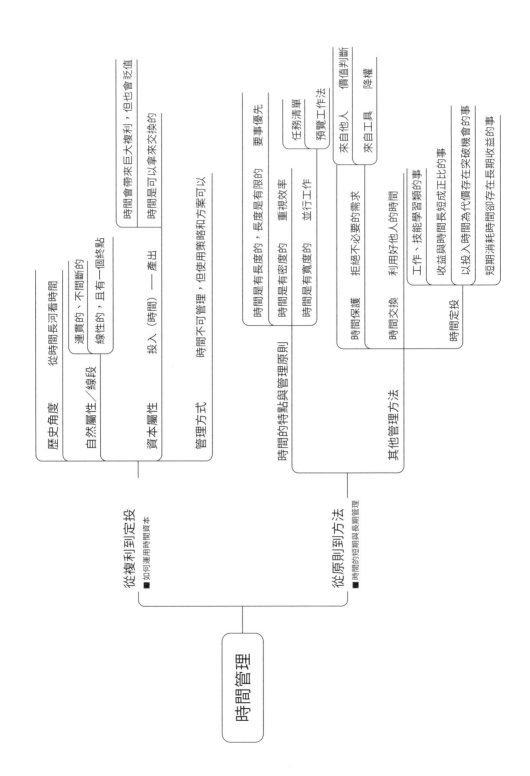

時間管理

從複利到定投
■ 如何運用時間資本

從原則到方法
■ 時間的短期與長期管理

歷史角度　　從時間長河看時間

自然屬性／線段
- 連貫的、不間斷的
- 線性的，且有一個終點

時間會帶來巨大複利，但也會貶值

時間是可以拿來交換的

資本屬性　　投入（時間）——產出

管理方式　　時間不可管理，但使用策略和方案可以

時間的特點與管理原則
- 時間是有長度的，長度是有限的　　要事優先
- 時間是有密度的　　重視效率
- 時間是有寬度的　　並行工作

其他管理方法
- 時間保護　　拒絕不必要的需求
- 時間交換　　利用好他人的時間
  - 來自他人　　價值判斷
  - 來自工具　　降權
  - 任務清單
  - 預覽工作法
- 時間定投
  - 工作、技能學習類的事
  - 收益與時間長短成正比的事
  - 以投入時間為代價存在突破機會的事
  - 短期消耗時間卻存在長期收益的事

第十章

目標管理

完成目標的關鍵，
是學會制定目標

在向著目標前進的過程當中，

每一步都是在獲得營養，

哪怕做錯了，你也能得到經驗。

1 重新理解目標——終局目標、過程目標及支撐目標

目標明確的人都會格外珍惜時間。

　　很多人總說人生找不到目標。但首先，我們得先明白「目標感」到底意味著什麼。在我看來，所謂的目標感包括：你為自己將要做的事找到一個方向和輪廓，這能幫助你擺脫想努力卻不知道往哪兒走的困境；另一方面，你對這件事賦予了什麼意義？能幫助你獲得不斷向前的動力，這兩方面同等重要。

　　沒有目標的人總是在等待，總是希望外界給他什麼。但如果你有目標，全世界都可能是你的資源，因為你知道自己要什麼，也就知道該從周遭環境、人際關係中去獲取什麼。**你在向著目標前進的過程中，每一步都是在獲得營養，哪怕中間有一小步錯了，你也能得到經驗。**但設定目標是有前提的，不是訂了一個目標就真的能實現，或是擺脫迷茫、空虛和失落。因為目標制定是一門學問。下面是我對於目標制定歸納出的幾個常見陷阱：

　　（1）一開始就把目標定得太細，你會執行不下去。
　　（2）把目標想得太美好，你會不知道從哪裡下手。
　　（3）自己的狀態沒調整好，努力可能會無效。

大部分人掉入這幾個陷阱的結果就是，訂的目標完成不了，而這樣的結果又會加深自己的挫折感，導致下一次更難有信心和充足的動力去制定和完成目標。想打破這種惡性循環，就是實實在在地為自己訂一個既科學合理又能激發鬥志的目標，然後一絲不苟地去完成它，找到「從制定目標到付諸行動並且達成目標」的完整感覺。以下是我的個人想法，將目標分為三類：

第一類、終局目標：

意指最終你想要實現的某個大目標。我希望這個目標是你主動設置的，不是被動完成的。既然是訂目標，為什麼不能為自己做主呢？終局目標可以是模糊的、感性的，甚至理想化的，但是必須要足夠激勵人心。

很多企業都很喜歡訂出企業願景，或是遠大目標。但我真正推崇的終局目標，其實不是三年、五年、十年之類的長期目標，而是足夠讓你動心的大目標。

切記，要立大志，不要立長志。比如，如果想練好寫作，你訂一個「堅持一年要寫多少篇文章」的目標，遠不及「我要開一個帳號，堅持每天發一篇原創文章」或是「我要獨自寫一本書」的效果好。因為最終能刺激你一直堅持下去的，一定是你內心真正渴望的東西。一旦大目標實現之後，能帶給你的人生改變幾乎是顛覆性的。因為它是你人生途中的岔路口，只不過這樣的岔路口是你自己選的，也是真的想走的。

人要如何掌控自己的命運，不隨波逐流，得過且過？就是要在每個人生階段為自己定下一些終局目標，並且以始為終，讓明確目標改變你的行動。

第二類、過程目標：

意指在完成終局目標的過程中，需要一步步完成的階段性目標，這也是一個不斷分解大目標的過程。

過程目標與終局目標最大的不同是：它是清晰的、可量化的，而且是短期的、具體的、理性的，有時候還很枯燥。比如大學畢業時，你訂的大目標是去一家知名的上市公司上班，那麼過程目標就包括：廣泛蒐集這個企業的基本資訊（職務需求、薪資福利）、了解面試筆試的基本流程和要求、精心準備個人履歷和證照資料…等。一定要記住，凡是不可準確地描述或者分解的目標，幾乎都是不可能實現的目標。終局目標充其量是給你一個指引方向，真正要走到那一步，還是需要一點一點地把過程細化、量化。

不過要注意的是，多數目標管理類的書籍都會要求你一下子就把目標訂得很細，這是不夠真實的。除非你照抄別人走過的路徑，否則走向大目標的過程，一定得先有大的框架和概念，然後在過程中逐漸細化內容。但不要因為目標沒有細化，就完全不採取任何行動。只要方向明確，走一步仍有一步的收穫。

第三類、支撐目標：

這是很多人都忽略的，總以為訂了目標，做就是了，不用想太多。但根據我的經驗和我觀察無數人失敗的經歷，大部分人訂了目標，都會在走向目標的過程中遇到各種各樣的問題，受到環境的制約和心魔的困擾，最終半途而廢。如果想要心無旁鶩，再難也要朝目標堅持下去，你需要在過程中為自己訂一些支撐主目標的輔助性目標，比如經濟面的安排、工作和家庭又如何兼顧…等。

　　支撐目標就是我們生活中的點點滴滴，但因為我們為自己訂了大目標方向，有了每一步要做的事情，所以這些日常的東西才被賦予了不一樣的意義。說白了，所謂的支撐目標就是為了實現你的目標所需要的資源，包括心理、物質、心態、時間分配、人脈關係…等。

　　以考國家考試為例，想要真正堅持一年完成讀書計劃，你至少需要這些方面的準備：（1）支持一年生活所需的充足費用（2）每天能支配的個人時間（十二小時以上）（3）比較健康的身體（最好每天能抽一小時鍛鍊）（4）和諧的家庭和融洽的同學關係…等（5）良好的情緒及心態。

　　如果你在制定目標時忽略輔助的、支撐性的目標，就可能在準備考試的過程中遭遇各式各樣的問題，完成目標的效果自然大打折扣。

　　前面我花了很多篇幅介紹關於目標管理的獨特分類。但想實現最佳效果，在根本上還是要在制定目標時將這三者結合起來。比如，你一開始訂的終局目標是「我想變美」，但這個描述太模糊，可以稍微優化為：「我想在容貌、身材、皮膚、穿衣打扮、氣質…各方面都明確地提升」。

　　接下來再將這些層級進行分解，比如容貌、皮膚如何提升（每天護膚、化妝、調整規律作息，有必要時還可做點醫美…等）、身材如何提升（規律健身、改變飲食…等）、穿衣打扮如何提升（了解自己身型的優缺點，以設計不同場合的穿衣風格…）、氣質如何提升（舉止、行為的自律，增加學習、讀書的目標…等）。

　　不妨用金字塔結構對過程目標不斷地進行層次分解，比方把每天要做的內容、時間都具體安排好。最後在目標制定時，把支撐目標也

考慮進去，例如經濟面、身心面、時間、情緒、家庭…等各種因素，以及需要提前做什麼準備。然後，在這個過程中建立正向回饋，讓自己有不斷前行的動力。

　　我特別推崇按照這個思路來制定目標和推進目標，是因為這樣能讓目標更清晰、推進更有力之外，還有一點就是：當你有了讓你動心的大目標，同時又分解了過程目標、兼顧了支撐目標，很可能你也更會利用時間了、奮鬥的意願更強烈了，你也因此更敢於展示自己。再總結一下我提出的目標管理法則：**「用終局目標來激勵自己，用過程目標來執行計劃，用支撐目標讓自己在前進的過程中不斷進化、變得強大」**。

2 目標分解——
手把手教你立體化制定目標

> 從終局目標、過程目標到支撐目標，每一項的結果都超出預期。

一、如何一步步制定自己的目標：

首先，我們先釐清幾個大原則。

① **所謂的終局目標不是「終極目標」**。終局目標是你能賦予其意義、激發你自覺行動的目標。所以，終局目標的完成時限儘量不要超過三年，因為時間長了、變數太多。如果你現在的終局目標在三年內不可能實現，那就意味著這個目標可以分解再分解，直到你找到那個既能讓你心動，又不是鏡花水月的目標為止。

有人會問我，財務自由算不算終局目標？我覺得，這不是我定義的終局目標，因為這個目標過於廣泛，時限也無法確定，至少應該將其分解為：「要實現財務自由，至少要在我住的城市擁有兩棟房子，要做到這點，我就需要在兩年內存到多少頭期款…等，將終局目標設定為兩年內的存款金額」。

② **同一時間段內（比如一年或兩年）你設定終局目標的事情不要超過三件。**

③ **將你的目標記錄下來，並將目標計劃貼在看得到的地方。**

④ **制定目標前，先深入分析這個目標是什麼、為什麼要做、怎麼做到？**建議做到兩點：一是在電腦桌面上放一份計劃表，每次開機就能看到；二是在公司或者家裡書桌上貼一張計劃表，確保每天能看到以提醒自己。沒有經過分析的目標基本上都不會放在心上，如此就很難持續下去。只有充分對於你的過去、現在和未來，以及優劣勢、內心真正的渴望進行分析後，這樣訂下來的目標才真正值得執行，也是可以執行的目標。

⑤ **終局目標分解成過程目標後，一定要量化、定下時限。**只有這樣，你才知道到了什麼時間該做到什麼程度。但請注意，可量化並不意味著過程目標一定要很細、很完善，或者中間不能有任何變化，要留下靈活的空間。李德哈特的《戰略論》裡分析了上千年間的三十場戰爭、二百八十場戰役，歸納了八條勝利的公理，其中前兩條是：（1）調整目的以適應手段（2）心中經常保持目標，計劃則適應環境。

⑥ **及時記錄目標的落實情況，重點分析未完成的原因、延期的原因。**根據我的經驗和觀察到的情況，訂下的目標之所以完成不了，多半是因為在支撐目標上出了問題，比方時間分配不合理、可利用的資源不足、心態情緒準備不夠⋯等。當目標的完成過程出現了明顯的困難，一定要及時總結分析，重新設定支撐目標，效果會更明顯。

二、你只有定下清晰、精準的目標，才可能超出預期：

我們都希望未來超出預期，但前提是，你要先給自己這幾年甚至每一年先擬定看得見、搆得著的清晰目標，這樣才可能在目標完成的過程中實現超預期的收穫。下面，我以自己在兩年前訂的三個終局目標和最後的完成情況為例，向大家分析和梳理目標是如何制定和完成的。

我的終局目標一、出一本書

因為之前有過出書的經驗，所以這個目標我可以輕易地進行分解，按時間表把過程目標列出來：四月底前聯繫並確定出版社、五月底前討論方案確定大綱、七月底前整理已有的精選文章，同時根據大綱規劃新創作部分文章；十月底前完成全書排版設計，提交審核；十一月底前根據審核意見進行修改調整；十二月底前確定宣傳計劃，準備正式推出。

這本書就是2019年由中信出版社出版的《成為極少數》，甫出版就榮列當當網24小時新書榜榜首，目前仍位列整個當當網所有成長、職場領域暢銷書500強。很多朋友因為這本書認識了我，可以說效果超出預期。

我的終局目標二、經營一個優質的成長社群

這個社群就是「栩先生・爆發式成長營」（2021年更名為「栩先生的讀書進化圈」）當時，我第一次經營社群，所以在這之前做了大量的準備工作。在全面了解多個社群運營模式、讀了社群經營的書後，我將這個終局目標分解成了過程目標：二月底前「潛水」研究至少五個成熟的社群；三月底前，形成社群運作草案；四月中旬前繪製完成社群主題階段的思維導圖，並且註冊，草擬社群使用、運作規則、社群推廣文案；五月初，社群正式上線；從五月十二日開始進入社群核心成長階段，和大家共同成長！

目前這個社群已有超過五千名學員，運作超過七百天，累積邀請了五十多位各領域的大咖嘉賓做分享，累積的乾貨內容多達上百萬字。而且，每年都在反覆運算更新，其經營效果比當初想像得更好。

我的終局目標三、新開設一個公眾號

我是公眾號「栩先生」的創辦人，這個帳號主要集中於個人成長領域，核心使命是藉由有溫度的文章和有態度的觀點，幫助大家打開思維格局，釐清成長過程中的困惑，讓大家少走冤枉路。但這個帳號的個人色彩太濃了，我希望做一個完全平台化的公眾號，提供大家一個討論、成長和交流的共好空間。

據此，我將這個終局目標分解成了過程目標：五月以前，調查了解人氣公眾號的特點，確定主攻方向；五月下旬，註冊公眾號；五月底前，完成公眾號頭像、排版…等；六月起，開始正式發文暖身；六月中旬，明確投稿發文規則，在社群進行宣傳推廣；六月中旬起，開始穩定地更新；六月底前，爭取選定幾名群友參與運作經營。

這個號就是目前的公眾號「栩然說」。已經有了幾十萬粉絲關注，每篇文章的閱讀量有好幾萬。至於我為什麼能在公眾號整體走下坡的情況下，用短短兩年時間做出一個具有影響力的公眾號，我認為看過我們文章的人都懂，我們是具有獨特性的。

三、後方的支撐看似不起眼，卻很可能是決定成敗的關鍵：

以上就是我在2019年時制定想達成的終局目標，當年在社群裡也公佈過。現在來看，這三個目標能實現並超出預期，除了因為目標是基於過去經驗和分析所制定的，還有我為了達成上述目標，擬定了幾個方面的支撐目標。包括：

（1）個人品牌建立。這是出書、開社群的核心競爭力。
（2）時間分配。如果時間管理不合格，要想在工作之餘完成如此多的任務就是天方夜譚。

（3）團隊資源。現在的工作量已經不是我一個人能完成的了，所以我為社群找了一名專業的助理，她也確實非常盡職盡責。我集中於內容輸出，一般的運作經營都由她來負責。

（4）自律及習慣養成。按理說，這是日常就要做到的，但考慮到當年的任務實在太重，因此特別把這一條當成目標，堅持做到自律。

（5）個人心態。這是要完成大目標時得要兼顧的方向，保持自己的精神狀態積極平和，不會陷入大起大落之中。

（6）維持身體狀態。這是當年完成任務的基本要求，我堅持鍛鍊和嚴格控制飲食，確保身體維持較良好的狀態。

你也需要為自己制訂終局目標、過程目標、支撐目標。有時候終局目標沒有完成，是因為支撐目標出現了問題，這就像打仗時的後勤部隊，在很多戰役裡，一旦糧草被人截下或者被燒了，很可能就全軍崩潰了，因此需要特別留意完成支撐目標。

3 如何出版第一本書——
我的立體式目標管理法實踐

2017 年九月，我人生的第一本書正式上市。
在每天工作十幾個小時後，我仍堅持拿出兩
個小時進行創作，才有了此書的完成。

什麼是立體式目標管理法？其核心就是不要孤立地、單一地、線性地去制定一個目標。大多數人一開始制定目標時就已經輸了，以致於無法實現。要嘛想得太遠、太美，根本落實不了；要嘛想得太細、太瑣碎，完全沒有堅持下去的慾望。

制定目標本身就是實現目標的一部分，甚至可以說，是相當重要的一部分。你把目標制定好了，既能激發你的動力和鬥志，又能讓你一步步地對照著走下去，這樣就相當於已完成了五分之一的目標了。當然，這裡所說的目標是短期的任務計劃。

這裡說的，都是需要當前的你「跳起來才夠搆得著」的目標，一旦目標實現，能為你的職涯發展、生活、人際關係、個人能力…等方面帶來確實的改變。

在日常生活中，我們可能看到某個人突然就成功了，但是我們並不知道他在背後付出了多少，就像郭德綱所說的：「你是那一夜認識我的，但我不是那一夜成功的」。

　　訂下目標，不只是「我要考過證照」、「我要變美」、「我要考上研究所」這樣短短幾字，而是要完整地包含幾個維度才能讓目標變得立體：

一、調查研究分析目標：

　　一個目標沒有經過調查研究了解就匆匆忙忙提出來，那它實現的機率有多大？時代變了，調查研究的方法可以利用網路，例如製作網路調查問卷、廣泛地蒐集資料、向專家請益…等。經過充分地調查研究分析之後，原本「我要創建一個社群」的目標就可以優化為：「我要創建一個和目前大多數社群不同的、有體系、可成長的社群」。

二、找到終局目標：

　　我反覆強調終局目標不是終極目標，它是一個足以激發你鬥志、為你帶來改變且時間不超過三年的大目標。終局目標有時候不是想出來的。通常我們訂目標時都不會想很多，要做什麼事就做了，不去想這件事背後還有沒有更深的含義、蘊藏更有價值的東西。

　　一定要在任何你想訂的目標之上，去找到更有意義、更讓你動心的終局目標。比如，你想要一年背八千個單詞，那背了八千個單詞為了什麼呢？可能是為了幫助自己考研究所、考托福，又或者為了能無障礙地閱讀英文原著，還是為了和外國人流利對話…等，這些明確的目的都比「背八千個單詞」有意義得多。

　　大學畢業後，我為自己訂了一個「在網上寫文章」的計劃，但最終沒能完全實現，因為這個計劃目的不明確。如果吸引力不夠強烈的話，一旦受挫就很難堅持下去。直到後來，我將「在網上寫文章」和出書目的結合起來，計劃才得以實現。寫作是為了出書，這就有了一

個更吸引人、更明確、更有意義的終局目標，最終激勵我在業餘寫作的道路上堅持了這麼多年。

三、分解過程目標：

這個前面已經說得非常詳細了，大家可以參考我之前如何分解2019年的目標。

四、定義支撐目標：

一個大目標的提出、推進和實現，不可能只靠日常狀態就能完成。這就像進行一場大的戰役，肯定要「兵馬未動，糧草先行」，充分做好後勤、醫療、選拔、訓練…等各方面的準備。

一般來說，支撐目標不外乎這幾項：（1）時間分配（2）物質條件（3）人脈資源（4）家庭、工作環境（5）身體狀態（6）精神情緒（7）硬體設施（8）其他條件。

還記得當年想要出第一本書的時候，我完全沒有任何經驗，也沒有任何名氣和粉絲。2014～2015年的時候，我覺得經過工作、思考、總結和累積，似乎可以寫點東西了，但在具體的寫作方向上卻非常猶豫。最後，我結合自己的實際經歷和閱讀經驗嘗試寫寫看，先在「天涯」發表了十多篇文章。但後來大概有幾個月的時間，我沒有再寫，這期間我一直在思索寫作目標到底是什麼。最後，我決定將寫作和出書結合起來，並訂下目標：「在三年內出一本書」。於是，我按照出書的標準重新制定了寫作大綱和計劃，並且開始了調查研究分析。

通過網路搜索、人脈資源進一步了解後，我又得出了一個結論：在這個時代，先有名氣再出書會是比較好的選擇，因此又進一步分

析：如何獲得名氣？最後我決定在互聯網上發表文章來得到大家的認可。「知乎」成了我的首選，那時知乎非常適合我這種沒有名氣但對寫作的內容品質有把握的新人。

這是第一步，我找到了一個終局目標：「出書」，同時我又通過調查研究分析，將這個終局目標初步分解成了兩個大目標：開公眾號、寫知乎，並且把寫知乎的目標進行了細化分解：了解知乎的社區規則，嘗試寫回答…等，前後寫了一年多。

2016年，我在知乎累積了二十餘萬的贊同、八萬粉絲。在我準備聯繫出版社的同時，有很多出版社也開始聯繫我。在多次溝通後，我選定了一家出版社，訂下大綱和總字數，在簽約後，我需要在不超過四個月的時間裡，完成十多萬字的書稿內容寫作。我推算時間，將目標進行分解，我得要在工作之餘，每月完成三萬多字的書稿，每週要完成八千字以上的原創寫作。

但重點來了，年底年初正是我最忙的時候。為了完成目標，我把寫書的計劃印出來貼在牆上，天天提醒自己，並且為自己在時間分配、身體狀態、心理情緒、自律、家庭、工作…等方面同步制定了支撐目標。比如，每天堅持冥想十分鐘、堅持使用「番茄工作法」集中精力寫作、堅持定期檢視個人情緒、及時化解和排除負面情緒、每天堅持寫作（無論多忙多累，都一定要逼著自己打開電腦），哪怕只敲了一行字就寫不動了，也是挑戰自己的拖延、不自律…。

同時，為了解決寫作過程太長的問題，我每寫出一篇就交給編輯一篇，聽聽他的建議和鼓勵並且修改。在這種極端的情況下，我在規定時間內完成了初稿交付。支撐目標的推行讓我在自律、心理和身體

狀態都有了非常大的進步，所以修改書稿、校對⋯等工作就變得沒那麼難了。

2017年9月，我人生的第一本書正式上市，書名是《所有的奮鬥都是一種不甘平凡》。書裡有幾段話是我心路歷程的真實寫照：

我拼命地看書、學習、思考，不斷地摸爬滾打，在「栩先生」這個帳號上分享的很多文章、乾貨，都是摔得遍體鱗傷後最痛的領悟。

其實，我並不想太多地去渲染這些苦難不堪的過往。因為，我從來都不認為苦難是一筆財富。

苦難並不能鑄就什麼成功；相反，只有你取得了成功，才能讓過去的苦難變成吹牛的資本。

缺乏見識而又無人指點，讓我走過了太多的彎路、歧路甚至回頭路。支撐我堅持下來的，只有三個字：不甘心。

不甘心這一生就如此蹉跎，不甘心曾經的幻想都成鏡花水月，不甘心已經付出了這麼多卻一無所獲⋯

於是一路跌跌撞撞，終於完成了這一場長途奔襲，走到了我在山裡時無數次夢想過的地方。

這些年裡，我不斷地追問自己，這一路到底是怎麼走過來的？遇到的那些坎坷都是怎麼邁過去的？那些繞過的彎路、摔倒跌跤是不是原本可以避免？

　　我做了很多嘗試，學了很多亂七八糟的東西，看了各種有用沒用的書，花了很多的時間去觀察，我寫知乎、寫公眾號、寫書，都是想用我自己的思考和經歷告訴大家：即使出身貧寒，即使身處逆境，即使一時失意，永遠都不要放棄。

　　因為，最讓人抱憾終生的，不是我做不到，而是我沒試過。

　　從2014年有這個想法，到2017年新書出版，花了整整三年時間，終於從無到有。從零起步，我完成了這個制定目標時，連自己都不太敢相信的目標。這就是科學的、嚴格的目標管理方法的巨大作用。而這個終局目標的實現及過程，都給我帶來了巨大的收穫和成長。

　　從最後的結果看，所有付出不僅是值得的，甚至是超值的。我之所以反覆地講這麼多「立體式目標管理法」的內容，除了因為是自己多次實踐、真正有效的方法，同時也真誠地希望激勵和啟發你，為自己定下一至三個終局目標，並按照我提供的範本進行分解。

　　相信我，只要你做了，在完成目標的過程中你就能直觀地感受到自己的成長變化。在完成目標之後，你更能體會到多巴胺肆意湧流的巨大快樂和成就感，這也是你給自己人生最大的獎勵。

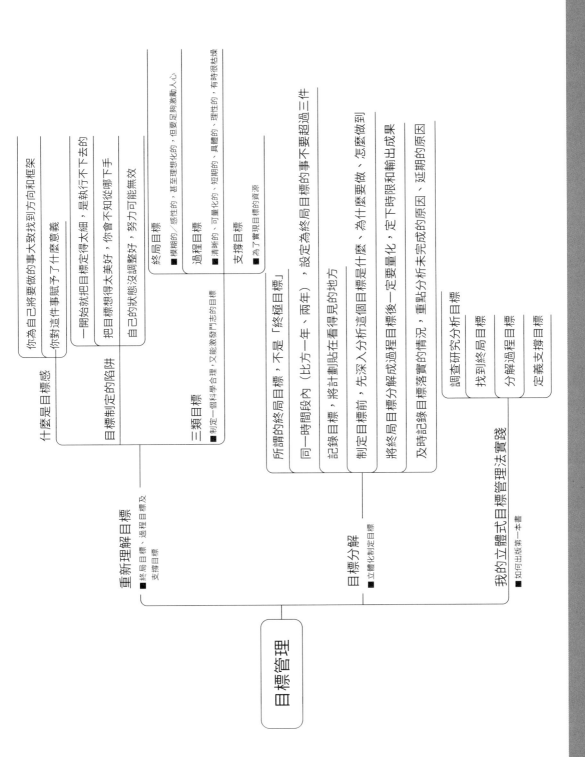

目標管理

重新理解目標
■ 終局目標、過程目標及支撐目標

什麼是目標感
你為自己將要做的事大致找到方向和框架
你對這件事賦予了什麼意義

目標制定的陷阱
一開始就把目標定得太細，是執行不下去的
把目標想得太美好，你會不知從哪下手
自己的狀態沒調整好，努力可能無效

三類目標
■ 制定一個科學合理，又能激發鬥志的目標

終局目標
■ 模糊的／感性的、甚至理想化的，但要足夠激勵人心

過程目標
■ 清晰的、可量化的、短期的、具體的、理性的、有時很枯燥

支撐目標
■ 為了實現目標的資源

目標分解
■ 立體化制定目標

所謂的終局目標，不是「終極目標」

同一時間段內（比方一年、兩年），設定為終局目標的事不要超過三件

記錄目標，將計劃貼在看得見的地方

制定目標前，先深入分析這個目標是什麼

將終局目標分解成過程目標後一定要量化

及時記錄目標落實的情況，重點分析未完成的原因

我的立體式目標管理法實踐
■ 如何出版第一本書

調查研究分析目標
找到終局目標
分解過程目標，為什麼要做、定下限和輸出成果、怎麼做
定義支撐目標、延期的原因

第十一章

領導力

每一個人都有
成為管理者的潛質

多數人因看見而相信，

唯少數人因相信而看見。

1 什麼是領導力——
從《亮劍》看懂真正的領導力

> 「無論對手有多麼強大，就算對方是天下第一劍客，
> 明知不敵，也要亮出自己的寶劍」——電視劇《亮劍》

　　很多人的認知裡有一個誤區：「覺得自己只是普通的上班族或學生，『領導力』這個主題和自己有距離」。但事實上，每個人都需要領導力。無論你（未來）需要帶領大大小小的團隊進行合作，還是驅動自己去做一些事情，你都需要提升自己的領導力，甚至就算是經營好一個家庭，也需要有一定的領導力。

　　如果你能夠領導團隊不斷走向勝利，當然就是一位具有優秀領導力的人才。具體來說，你需要具備什麼能力呢？一是「帶業務」的能力，二是「帶團隊」的能力。而這兩種能力在中國小說改編電視劇《亮劍》中幾位主角身上有很好的展現。

一、帶業務：能打仗、打勝仗：

　　在以前的戰爭年代，一個軍隊的將領能帶著大家打勝仗，代表他有一定的領導能力。而現今的我們，處於一個競爭激烈的互聯網時代，其實某些地方也和帶兵打仗非常相似。電視劇《亮劍》以戰爭為主題，劇裡的李雲龍是軍隊的領導者，他非常會帶隊伍，手下團隊的成員個個是精兵，李雲龍特別有細察力並且培養每位成員去實現共同

目標。比方他有位重要夥伴是趙剛，他和李雲龍的擅長領域、個性截然不同，但李雲龍卻能為才所用；此外他手下還有一位厲害的戰術指導——丁偉，他的戰略思維十分有遠見，甚至在將領都還沒想清楚之前，就把所有可能性都先想了一遍，提前給將領最合適的戰術建議。

若把這樣的概念對應到公司裡來看，就是一位好的領導者不用懂所有部門的業務，但他懂得如何聰明帶領團隊的所有人，讓大家齊心地把工作做好、達成全體目標業績，從公司的所有部門中脫穎而出。

二、帶團隊：發現人才、培養人才：

在《亮劍》中，李雲龍還幹過一件事：他和隊中的重要夥伴趙剛討論後，覺得戰役中需要一支能力很強的突擊隊，以突破當下困境，為此得找一些個人素質特別突出的戰士。於是，李雲龍馬上讓伙夫兵殺了一頭豬，要他燒火熬湯，然後召集全團戰士集合並告訴大家：「只要誰能打贏他，就可以吃肉，輸的人只能看著沒肉吃」。而趙剛則在不遠處也召集士兵扔手榴彈，扔得準的戰士同樣可以吃肉，這就是帶隊伍過程中非常重要的：「發現人才、培養人才、激勵人才」。為了發現和培養人才，有一個非常重要的方法是「激勵」，既需要物質激勵，更需要精神激勵。一位有智慧的領導者在激勵人才的過程中，還要懂得適時地「充分授權」。

李雲龍在帶兵攻打敵方的過程中，有一天發現怎麼團隊人數越帶越多？原因就在於，李雲龍放手讓下面的人自己想方設法去招兵、擴軍，結果隊伍越帶越大。從今天社會的視角來看，等同給了基層幹部很大的授權空間，讓他們自己發展壯大。很多時候，獲得授權的團隊成員往往能獲得更快的成長，當然也會推動業務以取得更好的發展。

如果一個領導者事必躬親，任何權力都死抓在自己手上，不肯放給下面的人各自管理，那最終的結果肯定是大家都做得很累，但團隊績效卻不見得有多好。只要沒有授權，團隊裡的不同人才也就沒有真正能施展的空間，所有的激勵也只能流於表面。

三、帶團隊：提供方向與信念：

身為優秀的領導者，無論是發現人才或激勵人才，最終目的都是要把優秀人才聚集起來，朝著正確的、有價值的方向前進；同時，還能不斷思考目標，給下屬明確的方向感、建立信念，讓團隊成員死心塌地跟隨他。

李雲龍在劇中和同袍們解釋什麼是：「亮劍精神」，那就是他們團隊努力的方向、重要的信念。他說，古代劍客們在與對手狹路相逢時，無論對手有多麼強大，就算對方是天下第一劍客，明知不敵，也要亮出自己的寶劍，即使倒在對手的劍下，也雖敗猶榮，這就是亮劍精神！這就是戰鬥意志！縱然敵眾我寡，縱然深陷重圍，但是，我們敢於亮劍！我們敢於戰鬥到最後一個人！因為他的這番喊話變成團隊的精神支撐所在，而在這種亮劍的精神和信念背後，其實還有一個更為深層的支撐因素，就是「信仰」。

最後總結一下：能帶領團隊業務，是現代領導者需要具備的基礎能力，能發現人才、激勵人才、給人才充分的授權讓他們施展，是一個優秀領導者應具備的素質；能不斷給團隊提供正確的方向與信念，即可能成為一名卓越的領導者。

想要做一個能夠領導團隊的人，必須有一個很重要的前提，那就是「你能夠做好自我管理」，比如自我的目標管理、時間管理、情緒

管理、知識管理…等，這也是我將領導力這一章節放在目標管理…等章節之後的原因。我們不一定都是李雲龍、趙剛這樣帶大團隊的人，但是，對於每個從小團隊中成長起來的一般人來說，學習這些內容應該同樣受到啟發 。

2 領導力極簡法則——
從項羽式領導變成劉邦式領導

真正的領導者，不爭一城一地之得失，不在意一時的成功失敗，他們看到的永遠是全局。

　　上文我們以《亮劍》裡的故事為基礎，介紹了什麼是領導力。下面這篇文章，我們來談談像你我這樣的普通人如何成為一個有領導力的人。一個能力突出的年輕人，如果得到機會成為一個小團隊的領導者，往往很可能會成為一個項羽式的領導者或者諸葛亮式的領導者。

　　什麼是項羽式領導者呢？項羽這個人有很多特點，這裡只取其中一點來說：他的個人能力很突出，但自己的長處反而成了短處。什麼事情都只相信自己，想靠個人能力解決問題，也不虛心聽取別人的意見。連要封官給下屬，也猶豫不決很久。

　　那諸葛亮式領導者呢？諸葛亮治蜀有非常不錯的成績，十分值得欽佩。但他的領導風格也有一個弊病：事必躬親。司馬懿和諸葛亮交戰時，從蜀國使者那裡了解到：諸葛亮飯量小；同時，軍隊裡每次二十軍棍以上的處罰決定，諸葛亮都要親自過目。隨後，司馬懿給了他這樣一句評價：「其能久乎！」意思就是，諸葛亮這麼幹，能持久嗎？

　　項羽和諸葛亮的領導方式，分別帶來的最終結果是：項羽兵敗身

死，而諸葛亮則出師未捷身先死，病逝五丈原，給後世留下無數唱歎。對於項羽為何失天下，劉邦為何得天下，劉邦自己有過一段精彩的論斷：運籌帷幄我不如張良，帶兵打仗我不如韓信，後勤保障我不如蕭何，但他們都能為我所用，但「項羽有一範增而不能用，此其所以為我擒也」。這裡面既有閱歷積累後的心智成熟、認知升級，也有反覆磨煉後的情緒穩定、洞察人心。

我們可能做不到劉邦那樣的大事業，但無論是今後創業、開店，還是帶團隊，都應該去學劉邦怎麼攏絡人心的能力，而不是陷入項羽那種眾叛親離的境遇。要怎樣能做到洞察人心，進而發現和激勵更多人才？這是接下來的討論重點。

一、用人所長，並且對人才的標準要有點彈性空間：

（1）每個人都有長處和短處，一定要用人所長。有些領導者會覺得自己在各方面都超過下屬和團隊成員，這是人的慣性心理，但實際上很可能是種錯覺，我們一定要學會使用他人的長處。另一方面，則要注意避開自己及他人的短處。比如，有的人適合做技師，你非要安排他做業務，那他可能會很痛苦，建議帶著開放積極的心態去看待每個人。這裡再提到一組概念：絕對優勢和相對優勢。假設你個人能力確實很強，各方面能力都勝過團隊成員，這只能說明你的能力有絕對優勢，但是你仍然需要信賴團隊，把工作分配給做這件事情有相對優勢的成員。

舉個最簡單的例子，可能你寫文章水準一流，但不需要獨自完成全部，留一些讓團隊成員去寫，因為你的時間要拿來做更重要的事情。由團隊成員去做這件事，比你去做更有優勢。

（2）使用人才，要有點彈性空間。人不可能十全十美，你的下屬

可能脾氣暴躁或有其他缺點，但只要不做嚴重違背公司或團隊核心價值觀的事情，可以容忍他的某些缺點。當年曹操為了挖掘人才，寫了一篇著名的《求賢令》，裡面這樣說道：「若必廉士而後可用，則齊桓其何以霸世！今天下得無有被褐懷玉而釣於渭濱者乎？又得無有盜嫂受金而未遇無知者乎？」意思是：假如非要是廉潔的人才能任用，那麼齊桓公何以稱霸於世？當今天下，有沒有像姜太公那樣身穿粗衣、懷有真才，卻在渭水之濱釣魚的人呢？又有沒有像陳平那樣，被指責與嫂嫂通姦、接受錢財賄賂而沒有遇到魏無知推薦的人呢？

當時劉邦還是漢王，陳平來投奔他，獲得了工作安排。但有些人向劉邦反映，說陳平在家的時候和嫂嫂通姦（很可能是子虛烏有），在軍隊的時候又拿將領的錢（這點陳平承認）。這時候，劉邦把推薦陳平的魏無知找過來並責問他。魏無知這樣回答：「我推薦的是才能，你問的是品行」。如果有人品行高尚但是對戰爭勝負沒有幫助，你用這樣的人嗎？」劉邦聽了又把陳平喊來。陳平倒是很坦蕩，他說：「我空身而來，不拿錢就沒有辦事的費用…」然後陳平說了這麼一句：「如果我陳平的計謀確實有值得採納的，希望大王採納；如果沒有值得採納的，錢還在，你讓我封好送官府吧，我也請辭回去」。聽完陳平的話，劉邦向陳平表達了真摯的歉意，給了陳平豐厚的賞賜，又給他任命了新官職。

在這裡拿陳平舉例並不代表認同陳平所做。事實上，無論在哪個時代，收賄都是犯法的，在團隊中肯定不能允許這種行為存在。我們應該學習的是劉邦和曹操用人唯才的精神。劉邦和曹操之所以能夠在亂世之中獲得大量人才的支持，「唯才是舉」的政策起到了非常重要的作用。每個人多少都有各種各樣的缺陷，只要不違背公司的核心理念、不違法，就不妨礙我們使用這樣的人才。

二、理解人的慾望，並且真誠地善待團隊成員：

發現人才、激勵人才還需要做好一件事情，那就是「理解人的慾望」，並且真誠地善待團隊成員。人有七情六慾，一個人在你的團隊裡工作，他可能想獲得豐盛的金錢回報，可能想實現自己的價值，可能想證明自己。我們要充分理解人的慾望，只要這些慾望不是特別過分；同樣，要有容人之心，並且要給予團隊成員合理的回報。

在這方面，劉邦也有一個非常著名的故事：「封韓信為齊王」。當時，韓信平定了原來的齊國地區，隨後向劉邦上書，請求給自己封個「假王」（代理齊王），說這樣對統治齊國地區比較有利。劉邦收到信的時候，正被項羽緊緊圍困，形勢危急，估計氣不打一處來，破口大罵，說我本來還等著你過來趕緊解救身處危急之中的我，你竟然在那兒想著封王的事！

這個時候，張良、陳平的作用就發揮出來了。據記載，當時張良、陳平暗中踩劉邦的腳，然後對劉邦耳語：我們現在情況不利，怎麼能阻止韓信稱王呢？不如趁著這個機會封他為王，善待他，否則可能生變。要說劉邦真的是反應快，馬上接著又破口大罵，但這次罵的就完全不一樣了，他說：「大丈夫怎麼能封個假王呢？！要封就封個真王嘛！」於是，劉邦就派張良去封韓信為真正的齊王，然後徵調韓信的軍隊去打項羽的軍隊了…。結局是韓信得了齊王的稱號，而劉邦則得了天下。

劉邦之所以能做出如此決策，除了他的機智外，最重要的原因就在於：他多年摸爬滾打，完全深刻了解人的慾望，以致他能夠充分地站在對方的角度去理解對方慾望的合理性。

而今天，管理者應該更真誠地對待團隊成員。你是不是發自內心地

善待他們，其實他們心裡很清楚。這個時代有無數的機會，如果你只是假意善待團隊成員，他們完全沒有必要配合你工作。

此外，我還想再補充一點：善待下屬指的是為他們的成長負責。下屬可以批評，而且有時候必須批評，否則過於善良、寬容，其實是害了他們。好的領導者還有一個特點：我的人我可以說，但絕對不允許別人欺負。我見過很多這樣的領導者，他們甚至有一些「護子」的傾向。你不妨想想，他們為什麼會有這樣的特點？

三、好領導者的另一個特質：承擔責任：

我們說過，領導者要做的事情簡單來講一是帶團隊，二是帶業務。所以，講完了關於發現人才、激勵人才的一些方法後，我還想簡要地補充一下好領導者的另一個特質：「承擔責任」。當你看那些大老闆或是公司裡的主管時，你可能覺得：「好威風啊，好爽啊，有好多權力啊」。但當你真正成熟之後，你會發現，身為領導者也意味著肩負很重的責任。

這個責任指的「既有勝利的責任，也有失敗的責任」。一方面，領導者要承擔挑大樑的責任，另一方面也蘊含著處理危機的責任。大家看籃球比賽、足球比賽就會發現，比賽最後的關鍵人物總是由喬丹、柯比、席丹、C羅、梅西這樣的人來擔任。這種決定勝負的關鍵時刻，是他們的領導力最為彰顯的時刻。如果你看柯比的很多比賽，你會發現，他在最後時刻總是自己去投關鍵球，而且投得非常堅決，哪怕整場比賽命中率不高，他也要去投。在我看來，這不僅僅是堅決，而是他知道，在這個時刻的團隊成員都期待他挽救頹勢。

無論成功的責任或失敗的責任，優秀的領導者都會去承擔。他們不

僅享受成功，也坦然面對失敗，再去思考失敗，從失敗中捲土重來，讓失敗真正成為成功之母，這才是真正的領導者應該具備的能力。而這項能力，項羽可能到死都沒有學會。

李清照曾經有一首著名的小詩：「生當作人傑，死亦為鬼雄，至今思項羽，不肯過江東」。說的是項羽敗於劉邦之手，逃到烏江自刎而亡的故事。李清照身處南宋，家國飄零，寫這首詩有其所指。但純粹從評價項羽的選擇而言，我更欣賞的是另一首來自杜牧的詩《題烏江亭》：「勝敗兵家事不期，包羞忍恥是男兒。江東子弟多才俊，捲土重來未可知」。

勝敗乃兵家常事，很多時候，如何面對失敗，才更能看出你是不是一個合格的領導者。西元前200年，漢高祖劉邦與匈奴作戰，被圍困於白登山，用陳平計，方得以脫險，史稱「白登之圍」。其後，劉邦放棄以武力手段與匈奴對抗，漢朝在相當長的時間裡都通過「和親」這種看來很屈辱的方式與匈奴交好，以維護邊境安寧。

直到漢武帝時期，西元前119年，漢武帝劉徹命衛青、霍去病率兵出擊匈奴。霍去病北進兩千多里，一直打到貝加爾湖，自此「匈奴遠遁，而漠南無王庭」。其間，霍去病在狼居胥山舉行了祭天封禮，表明漢軍獲勝的決心。後來，這一行為成為中原王朝武將的至高榮譽之一，而距離劉邦的那次失敗已過了八十一年之久。

真正的領導者，不爭一城一地之得失，不在意一時的成功失敗，他們看到的永遠是全局。

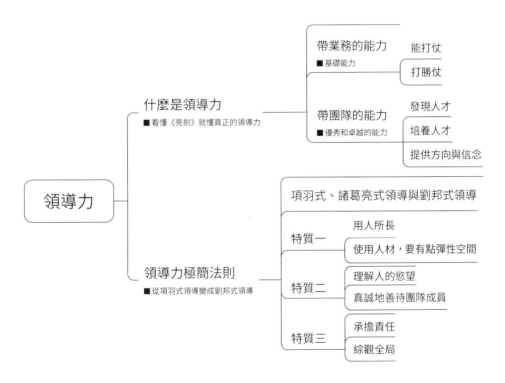

領導力

什麼是領導力
■看懂《亮劍》就懂真正的領導力

帶業務的能力
■基礎能力

能打仗

打勝仗

帶團隊的能力
■優秀和卓越的能力

發現人才

培養人才

提供方向與信念

領導力極簡法則
■從項羽式領導變成劉邦式領導

項羽式、諸葛亮式領導與劉邦式領導

特質一

用人所長

使用人材,要有點彈性空間

特質二

理解人的慾望

真誠地善待團隊成員

特質三

承擔責任

綜觀全局

第十二章

高效寫作

寫作是每個人
都可以擁有的看家本領

職場寫作等實用性的寫作是一切寫作的基礎，

也是大多數人的必備知識。

1 建立結構──
怎樣寫文章才有立基點？

> 寫作的本質，是把人類的網狀思維用
> 樹狀結構梳理，最後用線性文字表達。

寫作非常重要，但不是那麼多人覺得這項能力重要。但之前有很多講寫作的文章或課程，往往將寫作、作家、自媒體工作者都歸為一類，好像一說到寫作，除了寫文學作品和經營社群媒體的文字工作者之外，就沒有別的了。

實則不然，對每個人的成長而言，更重要的寫作類型應該是「職場寫作」。職場寫作這種實用性的寫作是一切寫作的基礎，也是大多數人的必備技能。所以，雖然它看起來不像「如何寫出一篇百萬點擊率的人氣貼文」那樣有吸引力，但是我們的學習還是需要從這裡開始。

① 一篇合格的職場文章四原則

我們先學習寫作的幾個通用原則，它們看起來有點抽象，但對於很多寫作場景的應用都有著重要意義。也就是說：在大量的職場寫作場景中，你都需要遵循這些通用原則，得先耐心地掌握它。

將一篇職場文章拆解開來，關鍵點主要包括四方面：論點、論據、結構、語言。

第一，是論點。如果把文章比為一個人，論點就是靈魂。在這裡，我們把論點當作一個比較廣泛的概念來使用，將事實、道理、需求統稱為你要闡述的論點或者觀點。一篇文章如果沒有扎實的論點，那就是沒有靈魂、言之無物。

第二，是結構。這是文章的骨架。

第三，是論據。這是文章的血液，是靈魂的支撐。任何一個論點要站得住腳，都離不開論據的支撐。當然，有時候論據也是分論點。從它的形式來看，它往往表現為資料和案例。

第四，是語言。這是文章的外在輪廓。

② 從線性到樹狀再到網狀

什麼是寫作的本質？有這樣一句話經常被引用：「寫作的本質，是把人類的網狀思維用樹狀的結構梳理，最後用線性的文字表達出來」。很多人讀完這句話後就會覺得寫作確實是一個很複雜的過程，有這麼多思維方式的轉變。但如果只是到此為止，那麼對於我們的寫作方法似乎並沒有太大的啟發，想要真正理解它，我們要先把這句話倒過來看。

當我們腦子裡冒出一個念頭，往往會聯想到下一個念頭或者跳到不同的場景中，思維像蜘蛛網一樣是千頭萬緒的，這就是網狀，是大部分人天生的思維習慣。而談到樹狀，就類似公司的組織結構圖，有過基礎邏輯訓練的人會用這種形式來認識事物。但文章的最終呈現形式則是線性的，從第一個字到最後一個字，像一條直線一樣不可逆，不分叉。

也就是說，我們需要用線性的文字讓讀者把握樹狀邏輯及結構，並且進一步觸動網狀思維，好讓讀者明白文章邏輯，再放進讓人印象深刻的亮點，例如具有衝擊力的資料、案例…等，這是文章結構和資料案例有重要價值的根本原因。

③ 金字塔原理

也叫金字塔原則，這是非常重要的底層原則，用途也很廣泛。金字塔原理就是任何事情都可以歸納出一個中心論點，而此中心論點可由三至七個論據支援，這些一級論據本身也可以是個論點，被二級的三至七個論據支持，如此延伸，狀如金字塔。金字塔原理之所以有效，本質上正是因為我們的思維是樹狀結構，它很符合人類的思維習慣。從這個角度來看，我們也就更能理解金字塔原理的重要價值。

在寫作實戰中，怎樣運用金字塔原理搭配結構呢？可以嘗試按下面這樣的步驟來操作：

第一步，列出核心論點和支撐它的多個論據，注意論據需要屬於同一個邏輯層面。

第二步，核查論據，得注意「不重複、不遺漏」。遺漏會給工作帶來疏漏；而重複不僅徒勞無功，同樣可能帶來錯誤。

第三步，在具體寫作時將「重點前置」，這是要特別強調的一點。一方面是指整篇文章中讓重點放在最前頭；另一方面，每一段短文也是，盡量在開頭一兩段寫出關鍵性的、總體性的資訊，然後再依次展開論述。在每一段文字裡，最好第一句也是主題句。

接下來，我們用案例直接了解金字塔原理的應用。

假設你是網路社群媒體的營運總監，負責包括微信、微博、抖音、LINE⋯等官方帳號的整體營運統籌，現在要寫一份年度工作總結。分析梳理所有資料後，你得出一個論點：今年公司新媒體平台營運的績效良好，發展迅速。第一步就可以先這樣列出論述重點和第一層論據：

論述重點——今年公司新媒體平台營運的績效良好
（根據論述重點，列出第一層的所有論據）
論據一 ——訂閱數增多
論據二 ——文章瀏覽次數高
論據三 ——發文次數多
論據四 ——內容品質優

然後，我們再繼續依第一層的論據往下延伸細節，把論據發生的原因及實際數字⋯等資料補滿，讓說明更加完整清楚。

第二步，對這些論據進行核查，確保不重複，不遺漏。這裡，假設以前新媒體帳號並沒有收入，而今年多了廣告收入，就可以列成第五條論據 —— 廣告收益從無到有。這裡有一個小技巧，如果發現有些內容不太好歸納分類，但又必須寫出來，或者我們擔心有內容被遺漏時，就單獨列出「其他」這個支線來概括這部分的內容即可。

第三步，開始把這些論點和論據寫進文章裡，這時候就要注意重點前置，例如：過去一年，公司新媒體平台營運的績效良好。各平台粉絲總數比去年增加100％；總閱讀量也比去年增加150％；整體發文

次數多達八百次；公司內部認可的優質原創文章多達一百篇；廣告收益從無到有。

接下來，再分別圍繞每一部分的成績展開論述。在每個部分的開頭同樣先用一句話概括總體情況。這樣的寫作方式一層一層非常扼要，而且又能完整說明每個細項，並不是散文式的寫法，能讓人馬上知道重點。

接著講搭建結構的第二個原則，這同樣是提醒我們要突出重點的原則。

④ 二八原則

義大利經濟學家帕雷托提出二八原則：「在任何一組東西中，最重要的只占其中一小部分，約20%；其餘80%儘管是多數，卻是次要的」。寫文章同樣如此，你需要重點突出20%的關鍵內容，剩下80%的內容簡要提到就好了。

在實際寫作過程中應用二八原則，我們可以按以下步驟操作：第一步，篩選重點；第二步，把握重點內容和一般內容的篇幅；第三步，根據實際要求再次增刪文字。

第一步，篩選重點。該突出的要堅決突出，該略過的就略過。其實，這個篩選過程也是一種思維訓練，幫助培養任何情況下的判斷力。舉個簡單例子，假設你要寫一份年度工作總結，去年一共完成了十五個項目，但在闡述項目案例的時候，只選擇三個左右的專案重點講就夠了。

第二步，把握重點內容和一般內容的篇幅。我們要注意，20%和80%的比例是相對的。在不同的具體情況下，用70%或者90%的精力去講主要內容也可以。但從另個角度看，「沒有重點地泛泛而談」和「只講重點不講一般內容」，這兩種做法都是錯的。

第三步，寫作時根據實際需求再次增刪文字。寫作重點也是相對的，以同個主題來說，寫一千字的演講稿和寫五千字的彙報材料，所選擇的重點肯定不同。在五千字裡的一個重點論據，可能在一千字的演講稿裡只用一句話精簡帶過。所以，需根據實際情況不斷思考和調整寫作。

2 找論據——
讓文章變得有邏輯和記憶點

> 職場寫作是一種應用寫作、效率寫作，是追求高效地傳遞資訊的寫作。

前面學習了怎樣搭建清晰的結構，接下來談「論據」這個主題。

職場寫作有個重要特點：它是一種應用寫作、效率寫作，追求高效地傳遞資訊的寫作。我們進行職場交流，是希望讓主管、同事、客戶在最短時間內抓住關鍵有效的資訊，這和花時間閱讀甚至沉浸其中的文學寫作截然不同。這也是有些覺得自己文筆不錯的人進行職場寫作時，容易做得不夠好的原因之一。使用論據有幾個原則：

一、鷹眼原則：

使用資料案例的第一個原則，可以稱為「鷹眼原則」，或稱「點面結合原則」。也就是說，我們在文章中既要重點使用一些典型的單項資料、精彩個案、細節資訊，又要描述全面的、宏觀的、整體的情況。就像雄鷹在天空環視四方，既能夠看見廣闊的山河脈絡，又可以看見獵物奔跑的細節；既能看到廣大的面，也能看到關鍵的點。有點無面，等於盲人摸象；有面無點，同樣不行，這樣的文章會非常枯燥，無法生動地講明道理。

那麼寫作實戰應該怎麼做呢？其實很多優秀的新聞報導在「點面

結合」這方面都做得很好，值得我們學習，不妨去看看獲得中國新聞獎一等獎的作品，以下取一篇2018年的新聞報導來舉例，標題叫作〈穿越四十年對話高考〉，新聞旁白的第一段是這樣的：

　　四十年前的1977年，中斷十一年的高考恢復了，共五百七十萬人走進考場參加高考。雖然當年的錄取率不到5%，但是透過上大學改變命運的希望之光點燃了無數人的心頭渴望。

　　雖然字數不多，但這段文字中既有非常細節的點，又有宏觀的面，從中好像看到了四十年來千千萬萬高考生的人生經歷。在日常生活中多去揣摩和學習類似的文章報導，我們在點面結合的能力肯定會提升。

二、奧卡姆剃刀法則（用於寫作時稱簡要原則）：

（1）盡可能簡潔。經常提醒自己：同樣的意思用更短的話寫出來才是好文章。每個人的時間是有限的，簡明扼要地講清事情才是對主管、同事、客戶最大的尊重。

（2）關注數據案例的典型性：簡潔的要求是要有典型性，至少要滿足兩個要求：一是夠普遍，能代表大多數；二是夠重要。不妨回頭去看看前面提到的〈穿越四十年對話高考〉那個案例，它是不是也非常符合簡要原則？

　　此外，很多時候可以直白地使用資料和案例。例如，直接列舉關於一項資訊的總數或者百分比。但如果能結合一些方法和技巧使用，資料和案例會更加鮮活。接下來介紹一種方法：「對比法」，能幫助你更高效地結合資料案例向主管、同事和客戶傳遞資訊。

三、對比法：

這裡是指「資料的對比」。一是縱向對比，適用於對比同一個物件在不同時間的表現。我們展現個人工作成果、部門業績、公司發展情況的時候，都可以使用縱向對比，又能細分「同比」和「環比」。同比是拿今年和去年同期資料做比較；環比是拿這個月和上個月的資料做比較。如果同比和環比都不適用，還有一種：將今天的實際情況與過去的計劃或者預期進行對比。

如果說「縱向對比」是在點和點之間進行的話，橫向對比則不僅用於點和點的對比，還可以用於點與面的對比。點和點的對比很好理解，例如：「李先生的寫作課的好評率比許小姐的寫作課好評率高了10%」，在這句話裡，兩門課的好評率就是點與點對比。

在實戰中，如何使用「點和面的橫向對比」來獲得更好的寫作效果？假設你是一名銷售人員，需要在簡歷或者自我介紹裡展現你的專業能力，你可以用幾種比較方法：

（1）將個體資訊和整體對比，例如：我的銷售業績超過公司裡90%的同事。

（2）將個體資訊和整體的基準值對比，例如：我的銷售業績超出平均業績3倍。

（3）將個體資訊和整體的一部分對比，例如：我的銷售業績超過第二名到第十名的總和。

至於具體採用哪種方式，那就要看在有參考價值的前提下，哪種對比方法能更好地佐證你的觀點了。通過點和面的對比，可以讓他人更清楚你的價值，更認可你的專業能力。

　　進行縱向對比和橫向對比時，還可以善用圖表。從人的思維和記憶習慣的層面來說，「圖像式記憶」反而更有效果。圖片、表格所擁有的衝擊力遠遠超過純文字，能承載對比的內容，例如：

　　（1）用折線圖，進行縱向對比。
　　（2）用餅狀圖，進行橫向對比。
　　（3）用柱狀圖，在縱向時間線上同時展現不同的橫向對比情況。

　　最後強調，在文字寫作中，不妨有意識地多用圖表、善用圖表，或插入表格、照片讓文章更具說服力、記憶點。我們需要在不同場景中進行寫作實踐，這樣才能更深入地掌握職場寫作的原則和方法。

3 提觀點——
四種辦法，挖出清晰有力的觀點

> 「汝果欲學詩，工夫在詩外」
>
> ——陸遊《示子遹》

前面講了搭建文章結構、運用好資料的方式，但有一部分的人還面臨另一個困難點：「不知道該說什麼，沒有觀點，怎麼辦？」

陸遊八十多歲的時候，曾經寫過一首詩，講述自己一輩子寫詩的經驗：「汝果欲學詩，工夫在詩外」。意思是，你如果真的要學習寫詩，那我告訴你吧，真正的功夫是在詩的詞句之外的。想要寫好文章，那麼所下的功夫也在文章的詞句之外，得先發現和挖掘好的觀點。那麼，文章觀點從哪裡來？

沒有調查就沒有發言權，所以調查研究不可或缺。實用寫作中的好觀點同樣也從調查研究得來。

怎麼做調查研究？如果你剛剛接到任務，要在一週內針對某個主題寫一份彙報資料、做出一份市場競爭分析報告，或者做個可行性項目研究，你不可能提前把方方面面的情況都了解得很清楚。這時，就要在短時間內高效地查找資料，藉由對於手邊資料的調查研究「快速形成有價值的觀點」。以下列出四個我個人認為的好方法：

一、「素材庫」法：

打仗要有武器庫，寫文章也要建立素材庫。這是一種非常基礎的方法，偏重於材料的使用。後面三種方法都可以它為基礎。

據說，唐代詩人李賀寫詩的時候，經常帶著一個小書僮，讓他背著一個錦囊，就出門了。在外面觸景生情想到了詩句，他就趕緊寫幾句，然後放在錦囊裡面。等回家後，他馬上把這些句子整理成篇，投放到另一個錦囊裡面。李賀二十七歲就英年早逝，但是留下了大量珍貴的作品。他使用錦囊的方法形同筆記本，無論你習慣用手機或紙張記，都對於記錄下稍縱即逝的靈感很有幫助，特別適合用來記錄以下兩種資料：

第一種，比較零散的素材。人的靈感轉瞬即逝，當我們平時有好想法或寫文章前查到有價值的內容的時候，第一時間把它記錄下來，否則以後它很可能就不屬於你了。第二種，比較系統性的素材。針對某個寫作主題或一些特定的資料為自己建立專門的素材庫，隨身帶個本子或用手機甚至雲端工具，立即存下有價值的資料，等有時間時再進行素材分類，以便日後查找。

二、歸納法：

這個方法很常用，也比較好理解。歸納和演繹是邏輯推理的兩種很基礎的方式。歸納是從個別資訊到一般結論的推論方法。演繹是從一般原則推論出個別的、特定的結果。在分析資料的階段，歸納法被使用得比較多，舉例來說：

你要寫一份公司年度工作總結，並且預設一個問題：去年公司業績發展情況如何？透過各部門給的資料整理後，你發現：公司整體營

收比去年增長一倍；技術部門今年獲得五十項發明專利，數量激增；產品部門推出二十種新產品，都獲得較高的用戶評價⋯等。

那麼就可以把各部門的關鍵成果進行歸納：今年公司整體業績優秀，發展趨勢迅猛。如果再看前幾年的資料，你發現公司過去兩年也保持這樣的發展速度，就可以進一步歸納出：公司過去三年來，持續維持穩定成長，這就是簡單的歸納法。強調一下，歸納資料寫作時，一定要有「問題意識」，以免淪為一份沒有觀點的材料彙編，而不是一篇有價值的文章了。

三、對比法：

對比法已講過，這裡重點補充值得關注的三類情況：

（1）關鍵資料縱向的高低變化。
（2）關鍵內容縱向的有無變化。
（3）關鍵資料和內容橫向的不同之處。

首先是高低變化。大到公司的整體業務資料，小到個人的工作成果，高低變化都是非常重要的資料。我們透過對比就很容易能提出一些觀點。

其次是有無變化。一項內容從無到有，代表這件事情很受關注或是一項創新點。一般來說，要嘛表示這件事情已經順利完成了，或者走到一個階段已經結束；也可能表示這件事情的重要性降低了，或者推不動、做得不好。

說到這裡，不妨想想看：最近兩三年，你公司的組織架構有沒有

大的調整呢？哪些部門從無到有，哪些部門又從有到無，被整併或者被裁撤了呢？透過對比，你能得出什麼觀點和看法嗎？我相信仔細思考後，很可能會對你所在單位的現況有進一步的認識。

橫向對比在縱向對比中也介紹過了，以下直接針對「內容的不同」進行對比舉例：百度、阿里、騰訊這三家公司，分別有不同核心理念。假設你是其中一家公司的工作人員要給客戶一個提案，希望客戶選用自家產品。在這種情況下，我們可以對各家公司的資料進行橫向對比，先了解自己公司的優勢劣勢，再考慮怎麼寫提案。

第一步，關注差異。經過梳理材料，我們發現百度強調AI時代（人工智慧時代），阿里強調DT時代（資料技術時代），騰訊則強調網路服務。這樣的話我們可以推測人工智慧技術、大數據、網路服務就是他們各自發展的重點。

第二步，分析原因，提煉觀點。順著第一步，我們繼續問：為什麼它們能把這些方向發展成重點呢？接著查閱資料，就能做些推測：搜尋引擎是百度起家的重要業務，這個業務對於訓練機器演算法非常有價值。著名的圍棋機器人AlphaGo就是Google旗下公司開發的。多年來，百度的演算法技術越來越強大，也漸漸開始大力宣傳AI。

而阿里透過電商平台累積很多有價值的消費資料，而且它一直把中小企業當成重要的服務對象，所以很早就成立阿里雲，提供雲端運算、大數據這些服務。以前這些服務被稱作IT服務。阿里提出和IT完全不同的DT概念，因為它的雲端計算、大數據都很豐富，對於需要大數據資料的客戶很有吸引力。

而騰訊和阿里不同，它以前服務的對象更多是一般消費者。騰訊可能並不需要一些大的戰略或者概念去說服他們。而且，微信在移動互聯網佔盡風頭，繼續做移動互聯網就有優異成績。

第三步，基於客觀角度和客戶需求有側重地撰寫提案。經過橫向對比分析後，我們找到了不同公司的特點和優勢所在。規劃提案給客戶時，就可以根據客戶的需求重點展現自己的優勢。

四、關鍵字法：

分析一份或多份資料中關鍵字出現的頻率、語境，也往往可以幫助我們發現一些關鍵的概念和資訊。關鍵字法有兩個值得關注的特點：

第一，關鍵字法的應用場景。它比較適合用來分析政府公文、公司老闆講話…等資料，本身就蘊含撰寫者的觀點。
第二，沒有出現的關鍵字同樣值得關注。它也可以反映出非常重要的資訊。

以下簡單舉兩個例子幫助讀者理解和應用：

案例1：如何分析沒出現的關鍵字。曾有這樣一份案例：2019年1月，張小龍發表了一次長篇演講，在互聯網圈引起了廣泛關注。有人對這份演講進行了關鍵字分析，寫成一篇有意思的文章，標題是〈張小龍的四小時演講沒有用哪些詞？〉，角度讓人耳目一新。

案例2：抓出關鍵詞、量化、縱向對比。2018年《政府工作報告》發佈後，人民網發表了一篇文章。文章寫道：「在今年的政府工作報告中，『改革』一詞出現了九十七次，是歷年工作報告中最多的一

251

次」。想必這位作者寫文章前做了些工作：

第一，文章選定了關鍵字『改革』進行分析。

第二，對關鍵字出現的次數進行統計，發現它出現九十七次。

第三，結合縱向對比的方法，發現這關鍵字出現的次數是歷年工作報告裡最多的一次。

作者最後將這些內容寫成文章，標題是「政府工作報告中九十七次提『改革』讓責任沉甸甸」。我們由此可知，使用關鍵字法能夠很直觀地挖掘觀點，有了資料的支撐，這個觀點也就很容易被讀者理解了。

4 寫金句——
從心理學角度找到
金句產出最本質的規律

大部分的金句都來自詩詞曲賦。

　　寫作除了得有觀點、結構和資料案例之外，還需要文采。如果拿一個點來深入講解，這個點就是金句。一方面，金句對文章很重要，它往往是一篇文章的亮點甚至點睛之筆；另一方面，金句對寫作者也很重要，它是展現寫作能力的重要方式。

　　那麼，金句從哪裡來？首先建立一個基礎認知：寫金句是有「套路」或技巧的，是有章法可循的。

　　我們經常讀到一些詩人、作家的金句，會認為他們靠的是累積、聰明和靈感，但實際上，寫一個金句和寫一篇文章一樣，既要靠內功，也要靠「招式」和「套路」。內功來自你平時不斷的累積，而招式、套路能幫助你更快速、高效地將內功發揮出來。更強的內功和更多的招式則能讓你湧現出更多靈感，接下來就談談「招式」和「套路」。

　　我的思考始於大學時期的學習。我覺得，文言文的名言金句有很多，但是當代小說散文裡的金句相對來說，比例就少了些。後來逐漸得出一個結論：大部分金句的套路都來自詩文曲賦，其形式在古詩

253

詞、古文中有非常充分的體現，原因是什麼？

　　古文在形式上需要很簡潔的表達，而古詩詞更是有著非常嚴格的格式要求。形式對內容是有很強的塑造作用的（注意：這些古詩文的形式原本就是希望讓文章詩詞趨向「經典化」，也就是被記憶、被流傳），所以在形式上就會不斷探索如何更好地抓住人的記憶點，這對金句的產生是很有幫助的。但是，今天的白話文沒有這樣嚴格的形式要求。所以，當我們學習金句時，可能需要更多地去向「經典化」的詩文曲賦學習。

　　大多數金句的本質是滿足人的掌控感。而「大部分金句的套路都來自詩詞曲賦」這個特點，是我思考的第一步。更深層次的問題是：為什麼某些「套路」這麼管用？它本質的原因在哪裡？

　　我相信，既然寫作是一種人與人的溝通，那麼，思考寫作問題的本質當然可以將人類共同的心理當作起點。從心理學角度分析金句的本質，這件事可能還沒什麼人研究過。我自己並非心理學專業出身，但這些並不妨礙用直觀的、已被廣泛接受的心理學知識來展開對金句本質的分析。

　　在個體心理學之父阿德勒的代表作《自卑與超越》中，「自卑情結」與「優越感」是兩個最重要的關鍵字。在阿德勒看來，人類的行為都出自於自卑感以及對於自卑感的克服和超越，或許可以說，不斷追求優越感是每個人內心最強的動力。而優越感則包括兩種力量：支配力和掌控力，每個人都會追求對自己人生的掌控感，無論是追求自律或自由。在我看來，滿足讀者的「掌控感」也正是大多數金句之所以能引起關注、打動人心的本質原因。

　　好作品的種類，金句的種類當然都很多元。比如說，人們會喜歡《尤利西斯》這種像謎一樣的作品，也喜歡各種樣式的金句。但從指導快速寫作的角度來看，創造「掌控感」這一點應該最有效。以我的觀點來看，想用一個句子滿足人們的「掌控感」，從形式上來說，提供規律性；從內容上來；提供確定性。

　　形式上的套路：結構、音韻、數字。 從形式上來看，特定的結構、優美的音韻都能為句子帶來「規律性」；同時，恰當地使用數字，也是更快寫出金句的有用套路。

　　一、結構：
　　對仗是詩詞寫作、對聯寫作中的基礎要求。這種固定的形式對於產出經典內容很有幫助，寫作時若能適度地使用一些對仗句，對文章的文采有直接加分。根據我們被傳統詩詞培養出的閱讀習慣，每句四至七個字的對仗句更容易讓人有熟悉之感，例如《舌尖上的中國》宣傳語：「自然經手，文化過喉；舌品天下，胃知鄉愁」，就是不錯的四字對仗句。當然，「對仗」本身對於音韻、字詞搭配是有著嚴格要求的，我們寫的句子則不必那麼嚴格地遵循。

　　從應用場景來看，對仗更適合用在公開演講、公司工作總結…等較為嚴肅的、官方的場合中，新聞寫作和自媒體寫作也可以使用。但在自我介紹、個人簡歷、溝通郵件…等個人色彩較濃的文章中要慎用對仗手法，避免給人刻意咬文嚼字的感覺。使用對仗句需要特別注意一點：現代人對這種句式的駕馭能力和古人遠不能比。如果寫不好，可以化用古代的名句；如果化用也寫不好，就寧可不寫。

　　更多時候，文章中的句子甚至不需要對仗，只需句式較為對稱，

部分內容可重複，就能衍生出好幾種常見的金句結構。我將這種套路稱為：「對稱句式下的部分重複」。

中國人寫文章時的回文、頂真、並列、排比均屬此類，曾有《如何快速寫出一個金句？》一文，介紹了ABAC，ABBA，ABBC、混合型這幾種類型的金句，也指出這都是「熟悉+變化」的模式，點出了「重複」的價值。簡單舉幾個例子：

當我談跑步時，我談些什麼（村上春樹書名）——**並列**

我行過許多地方的橋，看過許多次數的雲，喝過許多種類的酒，卻只愛過一個正當最好年齡的人（沈從文《湘行散記》）——**排比**

沒有天哪有地，沒有地哪有家，沒有家哪有你，沒有你哪有我（《酒矸倘賣無》的歌詞）——**頂真**

在這幾種具體方法中，「回文」的形式有一種「格言」的感覺，讀起來讓人感覺很有說服力。在寫作實戰中，可在文章中需要強調的地方適當使用回文手法。再舉兩個例子：

如果你是HR，為了在文章中表達公司的用人原則，你可以寫「用人不疑，疑人不用」之句，強調的是「用人原則」，也是我們常說的話。假如你發現公司很多員工加班，但實際效率不高，你就可以寫「我們應該用效率換時間，而不是用時間磨效率」，強調的是「效率的重要性」。

在我的「栩先生」公眾號有一篇文章，標題是〈如果格局決定了人生，那到底什麼決定了格局？〉，就是用回文的變體來表達遞進關

係，強調「決定格局的那個東西」的重要性。後來這篇文章被廣泛轉載，獲得了千萬級的閱讀量，這個標題也起了不小的作用。

此外，使用「部分重複」這個套路時也有一點需要注意：「不要濫用排比」。排比本身是值得用的，但不要為了排比而排比。

二、音韻：

透過音韻塑造金句，最常用的方法就是押韻。我覺得最好的金句有兩個特點：「傳得開，留得下」。所謂留得下，是要求它真有價值，不是為了傳播而杜撰所謂的金句。而要傳得開，讀起來押韻、朗朗上口就非常重要。

押韻似乎有種魔力：瞬間讓平淡的一句話感覺多了韻味或哲理。例如「是誰來自山川湖海，卻圍於晝夜廚房與愛」（萬能青年旅店《揪心的玩笑與漫長的白日夢》），這句歌詞在網易雲音樂獲得了非常多的情感共鳴，有位用戶把這句話寫在評論中，就獲得了三萬多個按讚。

公眾號裡面的文章有時候也會注意押韻。比如有篇文章標題是〈我見過無數成功人士，沒有一個是錦鯉體質〉，標題是押韻的。文章裡還出現這麼一句話：「你是你自己，唯一的錦鯉」，有讀者和我說他特地把這句話抄在本子上。押韻在這句話裡的作用很大，你可以算算這十個字裡，有多少個是押「i」韻的字。

我自己寫文章的時候，不會刻意地把某個套路往上搬。很多時候，反而是不自覺寫出某個句子，後來才發現它挺符合某個套路的，這種不自覺則是長期訓練的結果。如何能快速想出適合的押韻字詞？有三個我常用的方法可以分享：

（1）收藏一份「平水韻」，或掌握在網上查韻腳的方法。當你已經有了第一句話，想讓後面的話押韻時，可以快速去翻閱、查找對應的韻腳。

（2）回憶自己熟悉的歌詞。一首流行歌曲中，往往會有很多句押韻的詞。當你想到某個韻腳在某首歌裡出現過的時候，打開網易雲音樂，進入歌詞頁面快速翻閱，說不定會獲得靈感。

（3）留意一些常用的韻腳。一般來說，i，ai，ang，an，ou，u，ong…都是常用的韻腳，讀起來順口，用起來上手。當年「急智歌王」張帝非常善於現場臨時編歌詞，但你仔細觀察就會發現，他尤其熱衷於使用「i」這個韻腳，顯然是刻意練習的結果。我們平時不妨也多留意這些常用的韻腳，把一些韻腳訓練成習慣。

當然，還是要多說一句，如果找不到合適的詞，寧可不押韻。

三、數字：

在句子中，數字同樣能給人規律性，增強讀者的「掌控感」。「萬里悲秋常作客，百年多病獨登臺」、「桃李春風一杯酒，江湖夜雨十年燈」、「世事一場大夢，人生幾度秋涼」等，之所以能成為千古名句，與數字的妙用密不可分。用數字為文章增色，這方法的優點在於生動。只要掌握基本用法，套用數字的時間其實相對很短，有兩種場景特別適合使用：

第一種情況是面對未來提出全新規劃，或者對過去做一個歸納總結，恰當地使用數字會讓規劃或總結顯得很凝練、大氣。這樣的例子俯拾即是，例如：阿里的百川計劃、「今日頭條」的千人萬元計劃、美團的千城計劃…等。當你用一兩個數字概括不了整個規劃或總結內容的時候，還可以使用加減乘除的符號，讓數字間建立關聯，華為的

「1+8+N」戰略，即為一例。

第二種情況是希望體現出時空的縱深感或強烈對比感。這也是數字在詩詞中的常用場景。例如「萬里長征第一步」、「養兵千日用兵一時」等，都是大家的習慣用語。我們在寫作時，只要能基於所處的行業、公司特點，對常用語做點調整，就會寫出一些不錯的金句。

在形式上，使用對稱的結構、押韻的字詞、恰當的數字，都可以提升「規律性」，可以更好地幫助我們寫出金句。

而在**內容上的「套路」：下論斷、貼標籤、做類比、做號召**這幾種方法，能很好地為讀者提供「確定性」，這是寫金句的另外幾種常見套路。這幾種方法其實都是在幫人節省思考的時間，讓複雜的事情簡潔地呈現在讀者的眼前。

一、下結論：

幾乎每個人都喜歡下結論，這是人類為了更快速認識事物的方式，是自然之理，難以改變。但你是否發現，在工作場合中最常為整體工作做安排、為整個公司發展下結論的人只有一種：高階主管。很多年輕員工則往往擅長「描述」，習慣徵引資料，缺少下結論的習慣。因為敢下結論的人，本身要有充分的累積，包含對公司事務的全面掌握、透徹的認識。不過，下結論也可以是一種透過訓練而提升的能力。也就是說，你刻意要求自己練習分析事物並且下判斷，如此可提高你的判斷能力。「下結論」既是寫金句的一種套路，也是訓練思維能力的一種技巧，不妨多使用。

據我的梳理，常見的論斷類型有是非論斷、極端論斷、階段論斷

幾種。是非論斷是對事情進行肯定或否定的論斷。最著名的例子是深圳當年「時間就是金錢，效率就是生命」的口號。這句話在內容上屬於是非論斷，在形式上採用了「A就是B」，以及並列的格式。它們組合成了一句極具感染力的口號，在當時產生了巨大影響。

王興四十歲生日那天，寫下了一句感觸：「『真的』極度渴望成功的人其實並不多，符合後半句『願付非凡代價』的就更少了」。三十五歲那天，王興還曾轉發歐盟之父——讓．莫內說過的一句話：「沒有人就沒有可能，沒有制度就沒有永恆」，這兩句後來被廣為流傳，都屬於「是非論斷」的句子。

極端論斷，是指用「最」、「唯一」等高級而非比較級詞彙進行的論斷。這種句子同樣能帶來強烈的對比感，烘托出鮮明有力的觀點態度。「萬物之中，希望最美」，是一個典型例子。極端論斷也可以和是非論斷結合，往往更具感染力，例如「楚雖三戶，亡秦必楚」。

階段論斷，指的是對於事情發展階段所下的論斷，一般發生在階段轉換之時，也有回顧過去的總結性論斷或面向未來的預測性論斷。例如，互聯網公司經常會下這種階段性論斷。馬雲曾說「世界正從IT時代進入到DT時代」，李彥宏曾說「移動互聯網時代已經結束，互聯網的下個階段是人工智慧時代…」。互聯網公司高層的一些觀點當然都會往利於自己公司的方向去引導，但這些結論是否站得住腳，最終還是要看結論本身是否符合或者能準確預判客觀事實。

二、貼標籤、做類比：

除了下結論，貼標籤和做類比也是產出金句的常用套路。之所以把這兩者放在一起講，是因為它們很多時候是相通的：有的標籤其實

就是把事物類比；有的類比也在不知不覺中成為標籤。

我們經常說生活中不要輕易給別人貼標籤，這恰恰反映了標籤的價值，一個深入人心的標籤貼在你身上後，總會成為別人評價你的標準。無論對公司還是對個人而言，標籤往往會成為外界對你的定位，「定位」的重要性可想而之了。

因此，思考寫作時，我們對於自己所處的公司、行業，應該主動去貼正確的標籤。否則，你很快就會被其他你不願意接受的標籤所困擾。以下是幾種常用的貼標籤、做類比的方法：

第一種、細分領域第一或細分領域要角。大部分企業或企業內的業務都難以成為全行業的第一名，但這不妨礙它們是細分領域的第一或要角。隨著互聯網越來越向垂直縱深發展，企業或業務獲得這種標籤的機會是不斷增加的。

第二種、甲領域的乙。早些年，中國很多互聯網公司喜歡將自己類比為歐美的互聯網公司。這幾年這種情況仍然不少，例如：有些視頻網站愛說自己是「中國的YouTube」，這對於資本市場來說似乎很受用，原因仍是開頭提到的：「掌控感、確定性」。資本市場最討厭的就是不確定性，當它知道這是自己熟悉的某種模式在中國的翻版時，投資心態自然就不一樣了。

第三種、特色標籤。基於事物或者人物獨有的特色，給它貼上一個恰當的標籤，可能會讓人很難忘。三國時的臥龍、鳳雛、塚虎…這些古代小說裡英雄好漢們的綽號，很多都屬於這種標籤。

將特色標籤用在人物身上，是今天最常用的一種貼標籤的方式。

比如鋼鐵人馬斯克，一聽就能感覺到他與其他科技鉅子不同的氣質。這幾年，黑天鵝、灰犀牛成為熱門詞，把事物類比成這兩種動物，對事物的特點有極強的概括性。如果我們在寫作中也能用大家熟悉的、直觀的一些意象，作為標籤來概括複雜的事物，效果會很好。

三、做號召：

下論斷和貼標籤的句子裡，名詞扮演著重要角色。而相比名詞，動詞又更具有更強的行動感和號召力。用好的動詞「做號召」，能產出一些感染力很強的金句。類似「成為海賊王一樣的男人」這樣的句子，會讓人立即有印象。

「做號召」應該是我們最熟悉的一種寫作方法，我們從小到大的作文裡可能寫過很多次這種句子。但要留意一下，做號召同樣不能盲從，否則反而容易引發反感。在適當的時間點提出準確的號召，需要寫作者有宏大的事業做依託和深刻的洞察力。

如果你善於歸納分析的話，肯定還能發現更多的「金句套路」，只要能夠增強句子的規律性、確定性，讓讀者對內容有更強的掌控感，各種方式都是可嘗試的。

在我看來，結構、音韻、數字、下論斷、貼標籤、做類比、做號召這幾點，都是最常用和重要的金句產出方法。雖然這些方法是分開講的，但它們之間並非毫無關聯，有時採用其中的多個方法做結合，反而更容易產出金句。

文章的最高境界是渾然天成、無斧鑿痕跡。但是，無人工何以天成，沒有刀劈斧鑿、千錘百煉之功，也根本不可能達到渾然天成的地

步。金句的這些「套路」，雖然看起來有些刻意，但我堅信，這是磨煉寫作能力的必經之路。

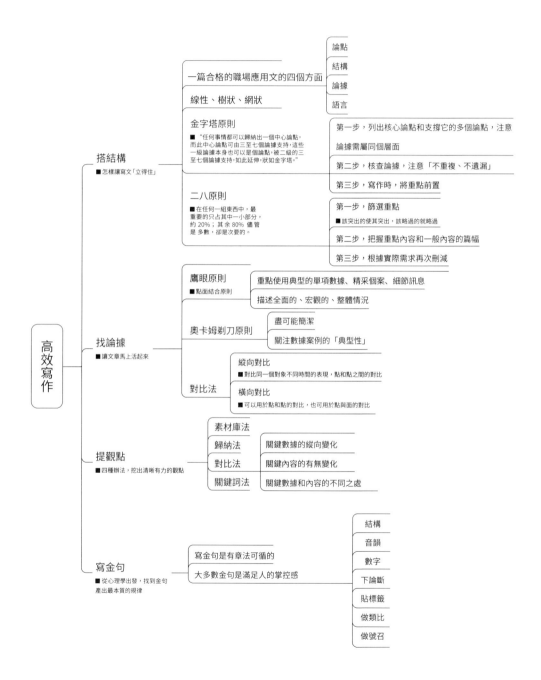

高效寫作

搭結構
■怎樣讓寫文「立得住」

- 一篇合格的職場應用文的四個方面
  - 論點
  - 結構
  - 論據
  - 語言
- 線性、樹狀、網狀
- 金字塔原則
  ■ "任何事情都可以歸納出一個中心論點，而此中心論點可由三至七個論據支持，這些一級論據本身也可以是個論點，被二級的三至七個論據支持，如此延伸，狀如金字塔。"
  - 第一步，列出核心論點和支撐它的多個論點，注意論據需屬同個層面
  - 第二步，核查論據，注意「不重複、不遺漏」
  - 第三步，寫作時，將重點前置
- 二八原則
  ■在任何一組東西中，最重要的只占其中一小部分，約 20%；其餘 80% 儘管是多數，卻是次要的。
  - 第一步，篩選重點
    ■該突出的使其突出，該略過的就略過
  - 第二步，把握重點內容和一般內容的篇幅
  - 第三步，根據實際需求再次刪減

找論據
■讓文章馬上活起來

- 鷹眼原則
  ■點面結合原則
  - 重點使用典型的單項數據、精采個案、細節訊息
  - 描述全面的、宏觀的、整體情況
- 奧卡姆剃刀原則
  - 盡可能簡潔
  - 關注數據案例的「典型性」
- 對比法
  - 縱向對比
    ■對比同一個對象不同時間的表現，點和點之間的對比
  - 橫向對比
    ■可以用於點和點的對比，也可用於點與面的對比

提觀點
■四種辦法，挖出清晰有力的觀點

- 素材庫法
- 歸納法
- 對比法
- 關鍵詞法
  - 關鍵數據的縱向變化
  - 關鍵內容的有無變化
  - 關鍵數據和內容的不同之處

寫金句
■從心理學出發，找到金句產出最本質的規律

- 寫金句是有章法可循的
- 大多數金句是滿足人的掌控感
  - 結構
  - 音韻
  - 數字
  - 下論斷
  - 貼標籤
  - 做類比
  - 做號召

第十三章

品牌管理

再小的個體，
也有自己的品牌

在個人可以崛起的時代，

你的品牌對你人生的價值將會越來越大。

1 個人品牌四要素——平台、定位、行銷、內容

品牌管理，最重要的是定位。

所謂個人品牌，簡單地說，就是你給他人留下的印象的總和。

你在職場中留下的是你的職場個人品牌。你和你的家人、朋友待在一起時給他們留下的印象，也構成了他們心目中一部分的個人品牌。

當前的時代是人人可以崛起的時代，你的個人品牌對你人生的價值將會越來越大。因此，不管何時，每個人都應該進行個人品牌管理。人是社會關係的總和，在他人心目中建立良好的、清晰的品牌認知對自己來說至關重要。現今的互聯網讓我們每個人都有可能把個人品牌價值做得更大，是值得把握的機會。

微信公眾號平台的標語：「再小的個體，也有自己的品牌」。在我看來，個人品牌管理中最核心的要素是以下四點：「平台背景、品牌定位、品牌營銷、內容和質量」。

之所以特地把平台放在前面，是因為很多人沒有意識到，平台資訊是大部分人建立個人品牌的第一步。坦白說，在你還沒有建立真正有競爭力、辨識度的個人品牌的時候，你能依託的其實是平台品牌。在我們沒有明確的、獨特的個人品牌之前，不妨多借助平台的力量，

讓他人對你有更清晰的認知，所謂的「平台」還包括了：學校、個人專業及證照技能、公司名稱…等。

你當然不能把平台的能力當作自己的能力，但如果確實需要透過平台讓他人認識你的品牌時，那就大膽合理地去用吧，只要它是真實的。即使日後你已經有了自己獨特的品牌形象，不需要依靠平台，這些資源也對於社交有些幫助，比方和有相同工作、生活背景的同事或客戶拉近距離…等。

品牌管理最重要的是「定位」，這個概念被稱為有史以來對美國行銷影響最大的觀念。具體來說是什麼意思，我先和大家分享《定位》這本書裡的兩小段內容：

定位不是圍繞產品進行的，而是圍繞潛在顧客的心智進行的。也就是說，將產品定位於潛在顧客的心智中。

在傳播過度的社會中，獲得成功的唯一希望，是要有選擇性，集中火力於狹窄的目標，細分市場。一言以蔽之，就是「定位」。

也就是說，定位這個行銷概念，是在「傳播過度的社會」中建立品牌的一個解決方案。而現今更是一個傳播飛快的時代，就算是個人，也需要學習定位。甚至我覺得對個人而言，定位不僅僅是行銷層面的策略，也是一個人發展本身的重要策略。

在互聯網時代，我們發揮個人品牌的空間不再侷限於所在的公司或者學校，也能是跨行業、跨領域的生活軌跡轉變。可以從下面這三方面來考慮個人品牌定位：

一、專業背景或者職位技能：

不管時代怎麼變換，這都是別人對你進行判斷時最重要的一個標準。進行個人品牌定位時，你首先需要定位清楚自己的專業、職位背景；在這個領域裡處於什麼層級（橫向對比、縱向對比，看看自己在哪個座標上）。這樣的話，別人一接觸你，就能知道你是做什麼的，做得怎麼樣，是有十年經驗的HR經理，還是發明過某項專利的資深工程師，又或者是自媒體領域的專家…等。

二、能力類型：

你可能並不希望別人只從專業、職位來判斷你，那麼，不妨從能力類型的角度建立自己的品牌定位。比方你現在要跨專業、跨領域找工作，但現處的職位經驗、專業證照可能發揮不了什麼作用時，就需要依據你和新職位的能力匹配度，去說服面試官。

能力類型要怎樣劃分呢？一家公司有產品研發部門、市場銷售部門、營運部門…等，而每個人的能力在這些領域裡也各有不同。你可能擅長做研發類事務：例如互聯網公司的技術人員、學術研究者、媒體記者、公眾號作者和編輯，這些其實都偏向內容研發。你也可能擅長市場銷售或者行銷：例如房產仲介、品牌廣告領域、媒體公司的公關…等。你還可能擅長營運類的工作，溝通協調人與人之間、團隊與團隊之間的資源及需求…等方面的問題。

從能力類型的角度為自己做品牌定位，不只是為了影響別人對你的看法，還可以幫助你自己更清晰地認識自己的能力，甚至你可能會因此發現：自己真正擅長的領域到底在哪裡。

三、撒手鐧：

我在以往的文章裡寫過這樣一段話：「在畢業五年後，不少在學生階段表現並不突出的人後來居上，彎道超越。這些後來居上的人，大部分都擁有兩個特質：要嘛有一技之長，要嘛在自己感興趣並且擅長的領域裡全心耕耘。這種能幫助人們脫穎而出的一技之長，越往後走，越會成為他人生成就高度的決定因素，因為它們就是我們人生中的『撒手鐧』」

在這個時代，你真的不必被現有的職位限制住。在工作八小時之外的時間，你完全可以用自己的撒手鐧培養重要競爭力，讓它成為你個人品牌的組成要件。打個比方，我的撒手鐧之一是寫作，所以我上班寫應用文，下班寫自媒體文章、寫社群「乾貨」。我讀很多寫作相關的書籍，並且規劃了職場寫作課，我在這方面的能力為公司、讀者和用戶帶來價值。對我自己而言，在這樣高強度的「自虐」中，把自己的撒手鐧練得越來越強，讓它成為我難以被取代的品牌競爭力。

有了品牌定位，還需要品牌行銷。其核心就是把你的品牌定位和主張，用合適的內容並透過合適管道和形式傳播給需要的受眾。有這兩個要點：

（1）內容：**要講故事，要貼標籤**。大家都知道，基於故事的想像是人類與生俱來的特性。故事是我們內心深處最喜歡的一種傳播形式。所以，不管你打算塑造怎樣的品牌形象，請準備一些與此相關的故事（需要是真實的故事）。

被隨意貼標籤，是網路上最讓人反感的一種行為。但你反過來想想，為什麼這種行為會這麼讓人討厭？因為，標籤的生命力太旺盛

了。一旦被貼上某個標籤，就在別人心中種下了一顆根深蒂固的種子，而且難以改變。所以，**我們一方面不要隨意給別人貼標籤，另一方面一定要想辦法給自己貼一些正向的、讓人印象深刻的標籤**。至於具體怎麼講故事和貼標籤，這些方法層面的內容，下文再分享。

（2）**管道和形式**。這方面需要提醒的是，你選的場域是否適合、精準對應想要的受眾。就拿互聯網上的個人品牌建立打個比方，若你是知識內容創作者，可以在知乎上寫文章；你要是做娛樂相關的，微博是你的重要陣地；若你是美妝穿搭博主，就去小紅書。文字、圖片、視頻都可以，只要什麼形式適合你，就用什麼形式。

在你的日常工作中，你的社群朋友圈、辦公室…等場所，就是你個人品牌建立的管道。你可以根據你要影響的人群（主管、同事、客戶…等），去思考要用怎樣的管道影響他們。

四、內容與質量：
這是品牌定位的第四個核心要素，但很容易被忽視。

如果把我們每個人看作一個「產品」，應該就不難理解，所有的品牌定位、品牌行銷都建立在一個基礎：產品內容和品質。比如說，我身為一位寫作者，最重要的事情永遠是不斷寫出好文章。這是一個簡單的道理，但也是很多人沒有真正理解和實踐的道理。

2 品牌定位與行銷——把自己高價「賣出」的方法

你不一定要成為「數一數二」的人，但一定要成為專家。

上篇文章講到個人品牌管理的理念和原則，接下來將介紹個人品牌定位和品牌行銷中三個最實用的方法。

一、細分領域的「數一數二」戰略：

怎樣快速建立個人品牌，牢牢占據他人心智？最好的操作辦法就是成為某個領域數一數二的人。

通用電氣的CEO傑克‧威爾許當年提出的「數一數二」戰略，將公司帶出了困境。他當時提出的觀點是：當你是市場中的第四或第五的時候，老大打一個噴嚏，你就會染上肺炎。當你自己成為老大的時候，你就能掌握自己的命運，而排在你後面的公司在困難時期將不得不合併重組。

對個人而言，成為佼佼者的好處有兩個：第一，佔領他人的心智。這點不必多說。第二，通過馬太效應獲得更大的發展。大家知道，任何資源都會向指標性的優秀公司、優秀人才傾斜。你作為數一數二的競爭者，獲得的資源和機會可能是普通競爭者的十倍甚至百倍。

但是，很顯然，並不是每個人都能成為某個領域數一數二的那個人。所以，我們大部分人可以採取這種策略：成為某個數一數二的那個人。為了讓大家能更直白地理解這個重要觀念，以下舉三個例子：

內容創作者的例子：

假設你是一個大媒體的記者，你們部門一共有五十位記者，你很難成為最頂尖的，那怎麼辦呢？你可以看看自己是不是支線上最優秀的記者，比如最優秀的政治線記者、醫療線記者…等。也可以看看自己是不是有其他特色或優勢，像是寫稿最快、最快拿到第一手資料、最擅長資料分析、語言能力最好…等。如果是的話，那麼在團隊有相關需求的時候，第一時間就會想到你；如果不是，那就要思考盡快培養自己這方面的能力。

市場銷售人員的例子：

如果你是一個房屋仲介，你可能不是分店的銷售冠軍，但你自己有沒有可能很擅長賣某種類型的物件？或者對物件附近的地緣環境非常熟悉？在這個基礎上，你就有可能成為這個細分模組中數一數二的仲介，甚至未來可能是整個城市最擅長賣某種類型物件的業績冠軍。

經營社群帳號的例子：

在公眾號這個領域，有百萬粉絲、千萬粉絲的人氣帳號不在少數，就連很多細分領域也是。但還有更多更小的帳號依然能被讀者們記住，這是為什麼？因為它們在更細分的領域各自做得很好。

大家應該都聽過長板理論，對個人發展而言，非常重要的一點是磨煉自己的長處。我也寫過關於撒手鐧的文章。我認為，每個人都能有自己的撒手鐧，但這不是要求你的一項能力要超過所有人，而是你

在某些方面比你周圍的人稍微突出一點就行，並讓那些覺得你厲害的人看到。

結合數一數二戰略來看長板理論，我想給大家的建議就是：發現你自己的長板並且磨煉它。要磨煉到什麼程度呢？最好是成為某個範圍內（比如公司）某個細分領域數一數二的那個人，並讓他人知道。到那個時候，你想沒有個人品牌都難了。為了讓大家更加了解這個戰略，再做兩點補充：

（1）我們不一定都能數一數二，但可以成為行家，我知道有些場景下，你可能找不到數一數二的維度。沒關係，但我建議你在這方面成為行家、高手，也就是說這個領域的事交給你能搞定，哪怕現在搞不定，日後也能研究出厲害的方法搞定它。無論在哪一個領域，行家和普通人的差別是極大的。在這個維度上，我們可以說：「寧為鳳尾，不為雞頭」。

（2）在細分領域建立優勢並不是終點。在細分領域建立優勢是基於大家的實際情況來說的。因為對大部分人而言，一開始建立個人品牌都只能從細分領域切入。但你不能停滯於此。當建立了細分領域的優勢後，可以做兩件事情：

第一，順著這個細分領域成為更大領域的佼佼者、專家。比如前面說到房仲的例子。如果你先成為最擅長賣大坪數的房仲，下一步就可以試試看能不能成為這個分店的銷售冠軍了。

第二，拓展自己的邊界，追求乘法效應。也就是說，在擁有一個撒手鐧的基礎上，再結合你在其他方面的能力，這可能會為你帶來更

大價值。舉個例子，劉亦菲被選為電影《花木蘭》的主角後，曾引發了很多討論。據說片方的選擇標準裡除了表演之外，還有兩點要求：有武打戲的底子、英語好⋯⋯，在這種情況下，劉亦菲一下子就脫穎而出。單憑某一個條件，她可能不是最棒的，但是表演、打戲、英語三個條件加在一起，很多競爭對手就無法和她匹敵了。

從某種意義上來說，你一旦讓自己的不同能力進行連接，就等於給自己塑造了一個全新的、更細分的領域。

二、貼標籤和講故事：

為自己建立了有效的品牌定位之後，還需要進行品牌行銷。在上一篇文章裡，我們說過貼標籤和講故事在行銷中的重要價值，現在就來看看如何具體操作。據我這幾年的研究觀察，發現了好幾種貼標籤的方法，扼要地和大家分享一下：

技巧一、根據前面的品牌定位，借助細分領域貼標籤：

拿企業來舉例，blibli這個影片分享網站給自己的標籤是：「在中國領先的年輕人文化社區」，這就是它們塑造的一個細分領域。而在生活中，還有另一種表現形式。例如：戲曲作家湯顯祖被譽為「中國的莎士比亞」，能讓人立即聯想到他是這領域的佼佼者。

前面說過，不一定每個人都是細分領域的領頭羊，但我們能成為專家，標籤也可以從這個角度來貼。假設你說「我曾經取得某個領域的特殊專利」，那馬上能了解你是這方面的專家；如果你說「我是10年互聯網HR薪酬專家」，也同樣能在這方面建立起對你的信任。

技巧二、借用集體標籤貼個人標籤

今天，整個社會的組織化程度非常高，我們同時工作、生活在各類組織、團體之中。所以也可以使用第二種實用技巧：借助團體標籤貼個人標籤。當然，你所處的團體可能沒有這麼強烈的標籤，但結合第一個技巧來看，在某個細分行業或領域，有一定知名度的團體就要多很多了。還有一種標籤，是當你一個人的能力還不夠吸引人，但所處的小團隊能力很突出時可以使用，比如××三劍客、××五虎將…等，也能強化記憶點。

技巧三、抓住一個特質貼標籤

大多數人都有被家人、朋友、同學取綽號的經驗吧？大家不妨看看《水滸傳》裡一百零八將的綽號：智多星吳用、小李廣花榮、霹靂火秦明、花和尚魯智深…只要看「標籤」，人物特色就躍然紙上。你再看看NBA的球星：空中飛人喬丹、小蟲羅德曼、俠客歐尼爾、魔獸霍華德、狼王賈奈特…都是能體現個人特質的「標籤」。

還有其他一些方法，比如借助場景貼標籤。當我們評價一個歌手的地位高，可以說他是「殿堂級」，若他唱得不錯但沒有特別出色，可能會說「這只是KTV水準」。殿堂級和KTV兩個場景成了重要標籤。你不妨想想，你的領域裡有沒有這種讓人印象深刻的場景標籤，或能增加話題感的標籤，在我看來，很多明星的標籤看似是隨意被貼上去的，其實背後也可能有策劃痕跡。

我們可以結合自己的情況去使用這些方法，唯要注意一點：「**為自己貼標籤時，標籤必須是正面的**」。

最後，簡要地談談講故事這種方法。如果你研究過阿里，一定知

道馬雲回到杭州和十八羅漢在自己家裡創業的故事。如果你研究過華為，也會聽過任正非工作被辭，和妻子離婚，背水一戰創立華為，甚至患上嚴重抑鬱症的故事。這樣的故事會讓人對他們的公司有不一樣的認知。

對每個「個人品牌」來說，「故事」具有很大的價值。不一定非要是什麼驚天動地的故事，但隨時準備幾個與你個人品牌相匹配的小故事備用，能很好地加深他人的印象（比如在自我介紹、和他人閒聊時都能用上）。在這方面和大家分享幾個需要注意的要點：

一、故事要服務於目標：

比如說，你的個人品牌定位是銷售專家，你需要傳達這個形象的時候，講的故事就不是自己的興趣愛好，得是你成功的銷售案例，或者是能展現你對這個行業洞察能力的故事。

二、故事要有衝突性：

所有的文學故事都會製造衝突，這是吸引人的重點。而個人品牌故事中的衝突，其實可以理解為困難和解決方案。你不能只講自己完成了什麼任務，所以是什麼方面的專家，還要讓人明白你在這個任務中的困難和挑戰。只有這樣，你的解決方案才有價值，你的品牌形象也才能更清晰。

三、故事要真實：

我非常希望大家能透過自我品牌行銷，讓更多人看見你的能力，看清你的價值。真的，千萬不要認為酒香不怕巷子深。酒香，更要去大街上吆喝幾句，讓遠近的人都知道你這裡有好酒。但與此同時，品牌行銷不是捏造作假，講真實的故事才是長期有效、讓人心安的行銷

方法。

　　學習完這篇文章，我希望你可以完成一個簡短的任務：給自己貼一個標籤，要求和你的職業或者專業相關。寫完之後，你可以看看，你貼的這個標籤足夠吸引你自己嗎？透過實際努力，這個標籤在未來有沒有可能變得更吸引人呢？

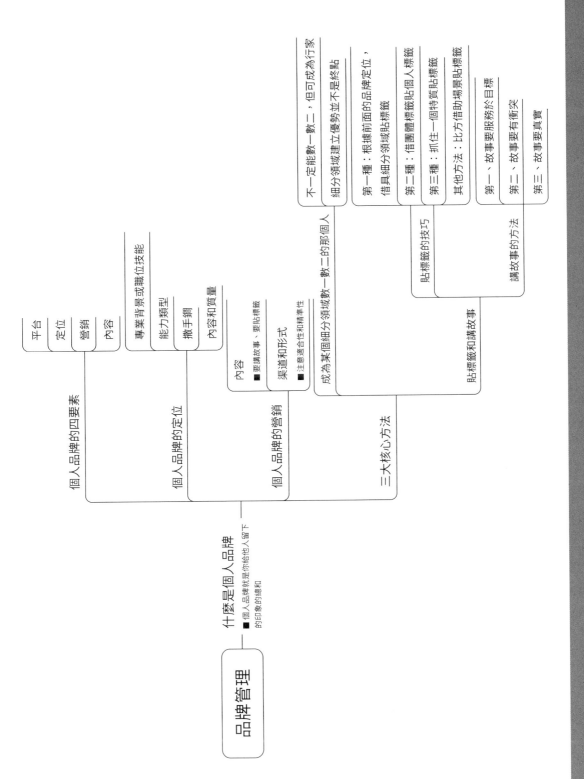

第十四章

人生決策

一個決策，影響五年；
十個決策，影響一生

「生活是苦難的，

然而我又划著我的斷槳出發了」

　　　　　　　——波赫士

1 資訊、選擇、利弊——做好決策的關鍵點

> 選擇，就意味著放棄。我們只能永遠選擇
> 一個較優的方案，而非完美方案。

我曾經寫過一句話：「一個決策，影響五年；十個決策，影響一生」。這句話並不誇張。我認為影響一個人命運走向的，往往是那極少數的幾個重大決策而已。對一般人來說，這些重大決策大部分是在人生前半段完成的。所以，盡早擁有一定的決策力十分重要，這是很稀缺的能力。有的人可能一輩子都沒做過決策，只是隨波逐流，看起來做過一些選擇而已。

那麼，要如何做出決策？有三個關鍵點：判斷資訊、選擇空間、利弊與取捨。

一、判斷資訊：

不管是團隊作戰還是個人決策，前提都是先蒐集充分的、正確的資訊，但鮮少人關注這一點。

有位粉絲詢問我，自己不確定是否要與女友分手，其中有一點考慮是擔心對方父母近親結婚，自己未來的孩子會受影響而抵抗力差。這就屬於沒有做好蒐集資訊的情況。根據一般常識，近親結婚一般影響到第三代的可能性很小，但這也不算正確資訊，實際上應該詢問專

業醫生。面對重大決策時，應該盡可能多了解正確資訊，以免被一些不見得對的認知誤導而做出錯誤判斷。大家不要覺得這沒什麼，想想看，你在做股票投資決策的時候，花過多少時間分析所投資的這家公司呢？這可是動輒幾萬幾十萬的重要決策啊！我們是不是很多時候像買個菜一樣簡單決定了？

很多人熱衷蒐集小道消息來做決策。比如根據內幕消息來炒股，根據什麼偏方來治病。如果你真的這樣做了，有可能會吃大虧！因為資訊即權力。如果你真覺得自己掌握了某家公司了不得的資訊，就問問自己，你是這家公司老闆的親戚嗎？或者你自己是公司的高層嗎？不是的話，你哪來的內部消息呢？如果連你都知道內部消息了，那這齣劇基本上就是「搭台專門唱給你聽」，要把你套在裡面的。

二、選擇空間：

我們在做選擇的時候，經常也會走進一個誤區，就是非此即彼，或者說選擇空間非常有限。

比如工作，是要繼續做好本職工作，還是辭職創業，選擇自己喜愛的事業？其實，如果我們能仔細想一想的話，就會發現，人的選擇不完全只是這些。你可以在做完八小時工作後，利用業餘時間發展自己想要開創的事業。給自己一個時限，在這個時限內充分嘗試，如果後者能給你足夠的收入保障，藉此證明了自己在那方面的能力，再選擇辭職。

除此之外，你其實還有別的選擇。比如，可以帶著你業餘時間做的成績，再去一個更大的公司去找個好工作；或看看你在主業上累積的能力和資源，與業餘興趣能否形成良性互補…等。關於選擇空間，

我想給大家兩點建議：

① 至少要有ABZ三套方案

AB方案，就是指至少要有一個備選方案，否則根本不叫決策。如果可能的話，你應該有ABCD之類更多的方案可選。而Z方案，則是你的保底方案。也就是說，萬一所有的方案都失敗了，你也有自己的保底方案。很多時候，失敗並沒有那麼可怕，可怕的是，你失敗後完全無法接受、沒有解決辦法，然後不斷滑向更差的境地。千萬記住，把自己失敗的可能性也規劃在你的方案內。

② 選擇空間的拓展，來自於掌握資訊和努力

資訊的豐富性足以拓展甚至改變你的選擇空間，但這就意味著你要付出更多努力。比如前面提到的，在八小時本業工作外再發展自己的事業。有人可能會覺得：「唉，我每天工作這麼忙，晚上和週末只想休息一下」。你當然有休息的權利，但事實很簡單也很殘酷：我們只能依靠自己的時間，你做了越多的事，才有越多的收入。

我曾經邀請好友給「知識星球App」的社群網友分享他對目標管理的方法。他讀研究所時，一邊跟著老師寫論文，一邊在律師事務所實習，一邊準備公務員考試，當下不知該如何做選擇。那段期間，他努力獲取了許多關於各行業的資訊，也努力提升自己的能力，最終做出最適合自己的選擇：讀博士。而這份職業也選擇了足夠努力的他，後來他順利留校任教，成為一名不錯的青年學者。

三、利弊與取捨：

蒐集足夠資訊並擁有充分的選擇空間後，我們應該對不同選擇的利弊仔細進行分析，再做出取捨。

有個比較特別的例子：進化論之父——達爾文結婚的故事。達爾文在決定是否要結婚的時候，他竟列出結婚的利弊清單。以下寫出一部分，供大家思考：

養小孩會浪費時間，晚上沒辦法看書，會變得又肥又懶，常會感到焦慮，而且要負起責任。如果要養活一大堆孩子的話，買書的錢也會變少（但是，工作太多的話，對一個人的健康不利）。也許我的妻子不喜歡倫敦，或者變成一個遊手好閒的傻子。

不過，最終達爾文還是選擇了結婚，因為他最終認為像一隻工蜂一樣不停工作、終老一生的情況不可忍受。

大部分人做不到也不願意像達爾文這麼理性分析結婚這件事情。但是，這方法確實值得我們做很多決策時使用。你應該仔細比對不同方案之間的優劣。如何實際操作呢？在我看來，不妨列出一些基本因素、重要因素以及「一票否決」的因素。

（1）不具備基本因素的方案，就不會被納入選擇空間中。
（2）重要因素，就是你認為選擇中需要重點進行對比的因素。
（3）一票否決因素，關乎你的價值觀或其他原因，是堅決不能容忍的內容。如果某個方案裡存在這方面的弊病，則一票否決。

當然，沒有任何一個方案是完美的。達爾文的婚姻也不是十全十美的。比如，他的妻子信教，而大家都知道達爾文作為進化論的奠基者，他並不信仰上帝，這也成為夫妻之間的一道裂隙。儘管這道裂隙存在，但對當時的他而言，利遠遠大於弊，這就足夠了。請大家記住：選擇意味著放棄。我們永遠只能選擇一個較優的方案，而非完美方案。

2 讀書、選擇職業、寫作——
這三個決定影響我十五年

> 當時的判斷標準很簡單，沒什麼特別的。
但是就這麼簡單的標準，對我已經非常有效。

這些年來，我做過的三個決定對自己的人生軌跡產生了巨大影響。十幾年前的第一個決定，還談不上嚴格意義上的決策。第二個決定，和大多數人做出的決策並沒有太大區別。幾年前做的第三個決定，則是很少人會選擇的路，也直接影響了我這幾年的生活軌跡。

第一個決定：順著自己的喜好，選擇讀中文系

第一個決定是我在高三畢業時做的：選擇文學院的漢語言文學系，也就是大家熟知的中文系。

很多人並不理解這個決定。當然，我能理解他們的不理解。從畢業生的平均收入而言，中文系的排名很後面。而我當時選擇的原因很簡單：覺得自己喜歡且可能擅長。我沒有去做利弊的分析權衡，沒有去蒐集足夠的資訊作為參考，所以我說這談不上是真正的決策。

而在大學時期，我很快就體會到中文系獨有的痛快和痛苦。和很多同學一樣，我沉浸在唐詩宋詞、中西經典的海洋裡，也跑去聽歷史系、哲學系各種名師的講座，感覺非常有意思。有同學更是按照作家的名字

順序，把圖書館裡的文學經典都讀完了。

　　一個人最好的讀書時光可能是在大學，能在二十多歲有這樣的經歷，我覺得受益一生，但選擇讀這個系也意味著畢業及就業時的痛苦。和選擇電機系、金融相關科系的高中同學相比，我就業時的起薪和選擇範圍都明顯處於劣勢。多年後，當親戚朋友問我是否該選擇人文學科或人文專業時，我通常會講蔣廷黻的故事給他們聽。

　　蔣廷黻是著名的歷史學家。1929年到1934年在清華大學擔任歷史系主任。一方面，他非常愛惜有歷史專長的人才，會根據學生的興趣特點給對方具體指導，並且積極地推薦學生出國深造；但另一方面，他又不鼓勵一般的學生讀歷史。原因很簡單：「因為我擔心歷史系的學生沒有出路。歷史系畢業生雖然可以到國高中去教書，但是待遇低、設備差，不利進修。學習歷史以備從政之用，此一見解倒是深獲我心。在過去，不分中外，許多歷史學家均能身居政府要職即是例子。一旦有學生申請入歷史系，我都給他們潑冷水，我提醒他們讀歷史系一定會窮很久。我也要他們曉得研究歷史除非發現真偽，否則不會成名」。

　　你能看懂這個簡單的故事，就能明白我的意思。而我自己，就在思考就業方向的痛苦中，做出了第二個重要決定。

第二個決定：一片迷茫中，選擇到企業上班

　　很多人說自己選擇工作時非常迷茫。其實，當時的我也和大家一樣。我印象很深的一個場景是：當時，我和一位好朋友站在圖書館大樓外，我們眉頭深鎖，討論到底何去何從。是像我們崇拜的一些老師一樣，一直進修下去，最後做一名大學教師，還是去企業上班，以及

該去哪個城市、什麼行業呢？我們當時都長歎一口氣：「唉，沒人給我們最好的建議啊！」不過，這個時候，我具備了做決策最基礎的能力，也就是上一節談到的：蒐集有效資訊，拓展選擇空間，進行利弊分析。當我著手認真分析後，發現了兩個重要資訊：

（1）**我目前的選擇空間很小**。不管是爭取成為大學老師，還是去企業就業，其實我在那個時間點都沒有特別突出的優勢。糾結了半天，我感覺自己根本得不出答案。但有一天，我突然想到了一個簡單的道理：「今天的選擇會決定我未來的選擇空間！」如果我沿著學術的路走下去，那基本上只可能成為大學老師。而大學老師本來就業機會就少，再想到能去的城市、能做的職位後，選擇空間就更小了。但在企業工作，雖然沒有什麼專業優勢，但五年、十年後的選擇空間會大很多。

（2）**熱愛寫作，並不一定要留在高校**。我還是很想讓自己的生活和文字、文學有關聯的。這讓我在情感上有點偏向成為大學老師。但我想明白了一點——高等教育培養的是研究型人才。而如果喜歡創作，在哪裡工作其實沒有太大影響。社會經歷是一筆難得的財富。這一開始只是我的分析，有了這個想法後，我找了很多老師、學長姐蒐集資訊，他們向我證明，我的這個觀點是對的。

今天看來，當時的判斷標準很簡單，沒什麼特別的。但是就這麼簡單的標準卻對我非常有效。於是，我才有可能做出直接影響自己後幾年工作及生活狀態的第三個決定。

第三個決定：做自媒體

我最近這兩年的狀態，除了認認真真地完成繁忙的本業工作外，

業餘時間主要在互聯網上做了四件事情：寫了兩個公眾號，做了一個付費社群，出版了一本新書，開了一門寫作課。

（1）寫了兩個公眾號：其中「枏先生」這個公眾號被評為職場技能領域「十大最具價值公眾號」。

（2）做了一個付費社群：「枏先生的讀書進化圈」和五千多位網友共同成長，各項資料在「知識星球」平台名列前茅。

（3）出了一本新書：《成為極少數》，成為當當網新書二十四小時榜第一名。

（4）開了一門寫作課：《高效職場寫作課》，成為「在行」平台當時第一門也是唯一的一門寫作課。

告訴大家這些，不為別的，而是因為在幾年前，我自己根本想像不到能在兩年內完成這麼多事情。儘管非常辛苦，但也非常有收穫。那在更早幾年前的我，是什麼樣的狀態呢？

我可以用八個字來形容：工作努力、意志消沉。看起來很奇怪吧？但那就是我的真實狀態。工作努力，是我的一貫作風，無論在哪裡，我都比較有拼搏精神；意志消沉，是因為我面臨和很多年輕人一樣的困惑：對職涯發展感到迷茫、出現職業倦怠…還有一些其他困難。

我用了很多辦法讓自己走出當時的狀態。其中一個辦法就是決定在網上寫作（當時還不知道要做成今天的自媒體這種形態）。我幾乎把所有的業餘時間都花在這件事情上。

那我當初是怎麼做出這個決定的呢？我的考慮是：既然做決策都要考慮利弊，那麼有沒有一件事情是有利無弊、持續有利的呢？只要

投入時間這個本金，就能不斷產生正向回饋，且沒有什麼害處的事。後來我把自己的思考寫成了文章〈年輕的時候做點什麼，才能讓今後受益終身〉。在當時，我認為最值得做的事情就是在網上寫文章，原因有三點：

（1）只要投入時間，不需要經濟、物質投入，就能不斷產出。

（2）輸出倒逼輸入，好讓自己不斷提升思考能力。

（3）可以一直收到回饋，讓自己持續調整，提升寫作能力。

事實證明，這個決策是對的。但是，我真正想講的並不是這個決策本身。我之所以能完成這幾件事情，是因為做出「想做自媒體」這個決策之後，又繼續做了一系列重要的決策，比如：

（1）從知乎向微信公眾號拓展。

（2）嘗試寫書出版。

（3）從微信公眾號向社群拓展。

每次做出新決策之後，我都會「飽和式」地朝當下的方向發力。然後不斷加深對於自媒體和線上教育的了解，再進一步做出新的決策，持續投入有潛力的事情，戰略性地放棄其他事，這樣的探索讓我的工作和生活呈現今天的樣子。

之所以要講這十幾年的三個決定，是因為想讓大家換一個視角來看待如何做決策。**多數時候我們談決策，都是在談一個點。實際上，我們更應該從線的角度來看待決策。**

上一節談了做決策的幾個基本前提：蒐集有效資訊、拓展選擇空

間、進行利弊分析。這就是圍繞一個點討論：「我應該怎麼選，才能解決當下面臨的問題」。而本小節談的則是，應該將決策放在長的時間軸之中去觀察。在這方面，我有三條建議：

建議一、謹記「大路思維」：

在「底層思維」中，我向大家介紹過「大路思維」。從表面看，走大路就是隨大流，走小路才是走捷徑，但實際上，走捷徑才是最危險的。就像爬山的時候，捷徑永遠都是那些人跡罕至的懸崖峭壁。走捷徑意味著你能接收到的資訊更少，更容易走著走著就走進了死胡同。而走大路，看似競爭的人很多，實則越走越寬，越走越光明。

走大路才是對大部分人最有利的選擇。從長線來看，走大路的好處就在於：「這對你未來的決策提供了更多的選擇空間」。對於沒有特別愛好的人，我一般不建議他報考某個冷門科系，也不會建議他把留在國高中任教當作目標，而是建議他到其他城市、國家去闖蕩，就是這個原因。

建議二、進行「多次決策」：

任何一個決策都不是做完之後就可以一勞永逸的。一個決策很多時候沒有完全的對錯之分。它的成功與否很可能要多年以後才能看到，在這個過程中最重要的是：你繼續在這個方向進行多次決策。

我們一定要盡量給自己多次決策的機會。在投資中，有的人喜歡「梭哈」，也就是把全部現金拿出來做投資，甚至去借錢也要投資。而很多成熟的投資者會採用定期定額投資的方式，只要這個公司長期趨勢是穩定良好的，就能獲得不錯的收益。而總是「梭哈」的人，身心都會承受巨大壓力。

人生決策同樣如此。在你不知道這個決策是否正確的時候，不妨先進行少量的投入，在未來的一段時間內持續評估決策的利弊，然後不斷加大對正確做法的投入，並且為錯誤決定進行停損。沒有人能在一開始就完全規劃好未來三、五年的發展路徑。**通過多次決策，你才能不斷校準航向、調節速度，走向自己期待的目標。**

建議三、不要忘記自己的價值觀和喜好：

我是故意把這個建議放在最後的。因為很多讀者在做決定的一開始，往往會用「我喜歡」、「我不喜歡」這樣的方式為自己選擇方向。實際上，我們應該謹慎使用這個維度來做判斷。因為很多時候：「你喜歡某件事，可能只是為了逃避現在不喜歡的事」，而事實往往是：「你越擅長某件事情，往往會越喜歡它」。

一個人年輕時，往往不知道自己喜歡什麼，只知道自己不喜歡很多東西。那怎麼樣才能找到喜歡的事情呢？只有靠不斷地實踐，單憑空想是絕不可能找到喜歡的事情的。在你真正認真地思考過利弊，進行了很多深入的嘗試後，實際做決策時就能考慮自己的價值觀和愛好。因為符合你價值觀和愛好的事，才是能讓你內在產生最大驅動力的事。

十幾年前，如果我選擇了其他專業，應該就會愛上其他行業，這對我也不是壞事。但一路走到今天，我知道我一輩子都離不開寫作這件事，因為經過多年實踐，它成為我最重要的價值感和成就感的來源之一。我可能也能做成其他事，但寫作這件事情我好之、樂之，願意不停地做下去。

我真誠地期待，幾十年後的我依然在某個平台不斷寫文章給大家看。

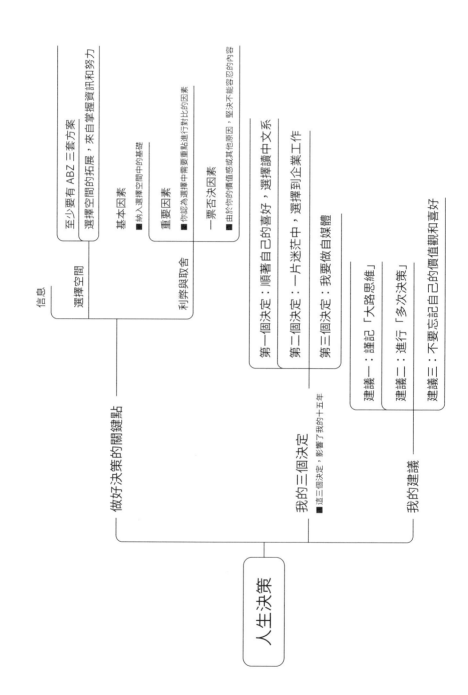

❓ 栩先生的讀者問與答

Q1.如何正確地做出決定？

【@天空之城】提問：栩先生你好，最近我跟同事抱怨的話語傳到了上司耳中，當時的發起者不是我，但我感覺上司對我的好感直線下降。這些年，我一直想考碩士、博士，打算當一名大學老師，我也知道很困難，但是我真的怕四十歲再回首時發現自己完全沒努力，一直在將就。我不知道最後的決定對不對，或者需要什麼方法去評估自己的決定是否正確？想請教一下老師。

【栩先生】回答：@天空之城，你好。我想先簡單地和你說一句，職場不是「天空之城」，你要接地氣一點。你的很多想法根本不像一個工作多年的社會人士，反而像個還沒畢業的大學生。針對你的問題，我一一回覆：

（1）你的抱怨被上司聽到，然後上司對你的好感下降，這一點也不冤枉，就算你不是抱怨的發起者。你不妨想一想，哪怕只是朋友之間閒聊，你知道有朋友吐槽你，你對他的印象能好嗎？解決這個問題，需要做到兩點。

①注意職場溝通方法。不管誰發起了對上司的抱怨，你聽就好，不要隨隨便便補充自己的抱怨，特別是對直屬上司的抱怨。你要清

295

楚，企業裡的同事關係本質上不是「朋友」關係，而是「戰友」關係，你們只是為了一個共同目標在做事情。口風緊，不僅可以保護自己，也能讓上司和同事知道你是一個靠得住的人。得到更多人的信任，你做成事情的可能性才更大。

②更重要的還是自己的職場心態問題。看你的描述，應該已經工作多年或三十歲以上了。我不知道你的具體情況如何，但我要藉此機會認真提醒你自省：如果你工作時總是抱怨，甚至因此影響自己的工作動力，比如覺得公司上司愚蠢，公司制度呆板，所以就什麼都懶得做，能推就推，那你就非常危險了。一個真正有目標的人，總會想辦法做出改變，要嘛改變身邊的氛圍，要嘛讓自己變得強大到能離開，去和更優秀的人為伍。

（2）關於你談到考碩博士的問題，真的有不少讀者也問過。接下來我可能說得很直接，但這樣才能讓你徹底明白。對於過了三十歲還想去考碩士、博士的同學，你不妨先問自己一個問題：「你去考，到底是覺得你在學術方面能有建樹呢，還是認為自己在職場上很難成功，想選擇先逃避呢？」請真誠地問自己和作答。

如果你真的很有學術潛力，我覺得不妨去試試。萬一你只是想用這種方式逃避目前生活中的不如意，那我只想告訴你一句話：「誠實地面對現實，即使碩士、博士畢業還是需要工作的」。

一點一滴地認真謀求職涯發展，一步一步照顧好家裡人和自己的生活；選擇當老師並不會是一條更輕鬆的路，也不能幫你遠離在社會上需要面對的問題。不要怕改變很難。職場上所謂的管理方法、溝通技巧，無非就是那麼多，哪怕一條條學，跟著自己身邊比較厲害的人

一點點模仿，總是能有所進步的。關鍵是，只有你承認現實、自己的不足，踏踏實實地改變，才有可能做到。

Q 2.如何看開一點，不在小事上斤斤計較而耗費心力？

【@沐**】提問：學長好！我總在一些小事上斤斤計較、過分緊張，和朋友之間會因為多做了一點事或者多付了點錢而心裡有疙瘩。我明白都是些小事，應該看開一些，不要在小事情上消耗自己、影響人際關係，但還是時不時被這些事影響，同時也會很在乎他人評價。別人的一句話會讓我東想西想，實在很耗費精力，格局也很窄。因此向學長求解。謝謝！

【栩先生】解答：沐同學你好，說真的，我很能理解你的心理狀態。真誠地給你兩個建議，其中也有我自己的親身體會。從根本來說，一個人去關注更大的世界，去追求更大的目標，才能避免持續在小事情上消耗自己。舉一個可能不恰當的例子，權當參考。《史記》裡記載鴻門宴的場景，相信你也很熟悉，其中有很著名的一段話：

範增說項羽日：「沛公居山東時，貪於財貨，好美姬。今入關，財物無所取，婦女無所幸，此其志不在小」

我簡單地翻譯一下。範增勸說項羽道：「沛公住在崤山以東時，貪圖財貨，喜歡漂亮的女人。如今入了關，財物什麼都不拿，也不迷戀女色，這樣看來，他的野心不小」。劉邦的改變在本質上是因為他的目標變了，所以關注的點變了。

進一步說，當你更多地把精力放在自我成長上、思考事業如何不斷突破，讓生活一步步變得更好時，你對小事的關注會越來越少。有一個常見的場景：當你換了一份全新的、更好的工作，你可能會突然發現，在前公司裡的爭鬥原來那麼無聊。當你換了一個城市，你會發現，在原本城市糾結的很多問題不再是問題。很多同事，包括一些朋友，都只是人生中的過客，自己和真正摯友的共同成長才是重要的。

人的成長不是一瞬間的，但意識到一些問題已經悄然破解，往往就是一瞬間。相信我，肯定有一天你會突然意識到：我好像已經不再是原來的自己，也已經完全不在意某些事情了。

期待那一天盡早到來，祝福你。

Q3.工作無法順利開展，我應該怎麼辦？

【@餘**】提問：學長好：有個問題一直是我的困擾，我不知道是該提還是不該提。該提，可能是因為很多像我一樣的人也想知道；不該提，是因為最終要靠自己領悟。

我在一個大型製造業的國營企業工作，我們部門的設置非常複雜，需要和很多相關負責人（部分職位比我高）對接，以及細部了解與統籌⋯等相關工作，因此常會遭到同事的各種刁難和卡關，覺得我們老對他們「發作業」、「收作業」，導致工作流程不順利。當然本人也存在資歷淺、道行不深、自身條件不足⋯等問題，還有老好人的形象。所以希望得到指點。謝謝學長！

【**栩先生**】**解答**：余同學你好。你面臨的問題，其實很常見，我覺得這個問題很有價值。

首先我要告訴你：你的問題如果只靠溝通方法或依賴主管干預，是不可能真正解決的。要徹底解決你面臨的問題不容易，但並非沒有辦法，且聽我一點一點說。不知道你有沒有遇過以下場景：

（1）你們要開展一項新的業務或一項新的宣傳，但不知道有多大風險，所以你去問了法務部。法務部同事每次都告訴你：「我們覺得有風險，不建議做」，時間久了，你會怎麼看待法務部的同事？

（2）人資部同事時不時要你們做自我評量，但評量結果和你的工作成果又沒有太大關係，但你每個月都需要應付他們。

（3）負責行政的同事每個月都會上報出勤情況，並且以此為標準來扣錢。但你們的工作是輔助生產部門，既不像銷售人員整天在外跑、不用打卡，但也不像技術人員一樣天天進公司辦公，有時你們也需要外出做事。那這種打考績的方式，你們喜歡嗎？

你覺得我列的這幾種情況是不是有點官僚主義？或是大公司常見的狀況？法務部、人資部、行政部門有各自的價值，而每個部門也都有自己的職務，有時你（或對方）不想這樣，但又不得不跟著公司規定走，想解決這個問題，得同時具備業務思維和商業思維。具體來說，就需要考慮：

（1）你的工作是為其他部門帶來麻煩，還是能幫他們解決問題？從某個角度看，你現在的工作對各部門來說是增加麻煩，所以他們會應付你。那你考慮過以下這些可能嗎？

①節省他們「交作業」需要花費的時間和流程：例如制定一套遞交報告的簡明範本以簡化審核流程。

②給予提早「交作業」的團隊鼓勵：任何一件事情真的進入了考核流程，大家也不敢過於應付了事。

③透過「交作業」時給各部門一些有價值的回饋。一般主管不就是「收作業」再給各部門策略指導的嗎？你們是不是也可以做到這樣？不需要每次都有回饋，但凡有回饋必有價值。這樣業務部主管會對你們刮目相看，而不是只把你們當作「發作業」和「收作業」的人。

（2）你的工作只有「公事公辦」，還是能為公司創造價值？以法務部同事舉例：如果業務人員問你任何事情，你都說有風險，那業務人員肯定覺得你是流程上很麻煩但又不能避開的一個點。但若你能站在公司角度綜合判斷風險和收益，並且告訴業務同事這個風險可控，雖然可能會為自己部門的同事帶來更多工作量，但對公司來說有可做的價值。那麼，你就是一個真正的業務夥伴。大家會更尊重你結合實際情況提供的建議。

甚至你也可以為公司創造新的價值。在業務人員還沒有行動的時候，主動給予他們建議，這樣的團隊是厲害的，相信公司也願意認可這樣的團隊的。

你身處的部門看似吃力不討好，但其實你們掌握很多業務部門無法掌握的全域資訊。如果能基於這樣的優勢提供公司高層一些有效建議，或者推動業務上、流程上的創新及改進，那你們對公司的價值就無可取代了，這樣的團隊才是真正有價值的團隊。

以上講的都是理論上最好的情況，但你不試試，怎麼知道理論不

能成真？希望你能結合自己公司的實際情況參考看看，說不定會有幫助。祝好。

Q4.人到中年，應該如何改變現狀？

【@鴻飛】提問：栩先生您好，我今年三十歲了，家境一般，父母在家務農，我性格很懦弱，學歷不高，工作能力平平，還不願意與人社交，老喜歡一個人待著。我媽逼我結婚，已經影響到她的身心健康，而我又達不到她的要求，看著一天天老去的父母，我既沒有能力改善他們的生活環境，又不能達成他們的心願，我覺得很羞愧、對不起他們。我媽張羅著給我相親，還經常與村裡的人比較說「誰誰誰都做爺爺奶奶了、小孩都上學了，只有你還沒結婚，我的顏面都掛不住了，我心都散了，日子都沒盼望了」。我覺得家庭給我很大的壓力，同時職涯上也沒什麼進展，並且很厭倦這份工作，當初是為了解決溫飽隨機找的工作，現在一直想轉職，卻沒有轉換跑道的能力，老想突破卻找不到出口，整天都過得很煎熬。我覺得我的生活過得一塌糊塗，再這樣下去不行，必須尋求他人幫助，希望栩先生幫我點出現階段問題的根本，讓我有個方向，謝謝。

【栩先生】答：鴻飛你好。這個問題，我思考了兩天才來回答。希望能對你有所幫助。我一直覺得，一個人的現實狀況就是身處環境和自我認知的產物，一個人很難突破自己所處的環境去幻想新的生活，同樣，一個人也很難超越自己現有的認知去思考。但問題在於，你如果想要有所改變，無論環境或者認知，總得要有一個先改變。

許多人年輕時出去闖蕩或因為求學跳脫既有的生活環境，感覺打開了一個新世界，這是改變環境；還有一些人，透過自己的學習、讀書和不斷地否定再否定，也能讓自己的思維達到很高的程度，這時候只要時機一到，人生立刻不一樣了，比如古代的孫臏、姜子牙、劉伯溫…等很多在山中修煉的謀士，這是先改變認知的人。

回到你的問題上，總結起來就是這兩種：一種是環境，特別是家庭環境很差；一種是自己的狀態很差，像你說的「過得一塌糊塗」。

對應的解決方案，要嘛狠下心，跳出老家的環境，跳出現有的平穩卻沒有希望的工作，要嘛先改變自己。我的建議是從改變開始，尋求跳出去的機會，希望你在未來的一年做到第一件事：「找到自己」。

你現在的狀態是精氣神不在了，所以才魂不守舍、心神不寧。精氣神是一個人清醒的意識，是能夠掌控自己的一種狀態。

第二，找回價值的第一步，是找到自己的時間，你的時間在哪裡，你的選擇就在哪裡；而你的選擇在哪裡，你的結果就在哪裡。看看你自己的時間都用在了哪些地方，不妨記錄自己一週的行程，看看大部分時間和零碎時間是如何使用的，你現在所謂的一塌糊塗、習得性無助，我判斷應該是你的時間消耗在非常沒有價值感的事情上，請記住：「一個人的時間和精力是有限的」，千萬得用在更有意義的事情上。

第三，找到你流失寶貴時間的原因後，不要期望做點什麼事就能一下子突飛猛進，從來沒有什麼武俠小說裡的打通任督二脈，一夜變成武林高手之事，所謂的突破，都是長久努力後才逐步打開某種限

制。但突破後也不是一勞永逸，還需要再努力、再突破，人生就是螺旋上升的過程，不要好高騖遠，從找回時間、小行動開始，看書、跑步、冥想，哪怕是做菜做飯、做好人好事，也能讓自己的狀態慢慢變得不同。我在〈被討厭的勇氣〉這篇文章中寫道：「人生就像山谷中的回音，你聽到了什麼，取決於你喊了什麼」。

期待你人生的改變，就從小小的「喊一聲」開始。

Q5.如何看待生命的無常？

【@Me262】提問：學長你好，冒昧打擾你了，有幾個問題一直困擾著我，這些問題是大部分人不願提及但又不得不面對的。具體情況是這樣的：自從我上大學以來，短短幾年時間，我周邊發生了很多不幸的事情，好幾個人因為重大疾病離開了人世，其中包括我的親戚、朋友以及熟人。

每當我聽到這樣的情況，內心就忐忑不安，一方面，為故人的離去而感到惋惜，心想這樣的事情離自己是多麼近；另外一方面，我會更加擔心家人的身體情況，如果聽到他們身體不好時就更寢食難安。我想問學長的是：

（1）你是如何看待死亡這件事（「死亡」也可以泛指周邊事物的離開和失去）？

（2）當你遇到類似問題的時候，當時的想法是如何的？又是如何處理的？

（3）你如何處理學業、工作和家庭之間的關係？是有所側重嗎？

【栩先生】答：Me262你好！能看得出來你是一個善良的年輕人。很多和你一樣的同學都有這個困惑。我喜愛的演員吳孟達先生去世了，也讓我很感慨於生命的無常。今天回答一下你的這個問題，供參考。

說實話，身為一個過來人，我可以很負責任地告訴大家：關於父母變老的這個問題，在現階段是沒辦法完全解決的。

在大城市裡奮鬥，前進的每一步都痛不欲生，但退一步很可能會抱憾終身。即使有一天你奮鬥成功了，也需要父母的身體好到能等著你為他們帶來更好的生活。我想分享以下四點：：

（1）很多問題是有技術解決方案的。在我看來，你在大城市打拼、父母留在老家的問題雖然沒辦法完全解決，卻有相對的解決辦法。那就是在你現有條件下，盡量為他們提供物質上的保障和精神上的陪伴。

在物質上： 這世界上很難有財務的絕對自由，卻有相對自由。你在大城市裡賺的薪水相較於大城市的房價而言，可能並不高，但相對老家的物價卻肯定不算低。用你在大城市裡賺的錢為你父母在老家提供更好的物質保障，讓他們不必替你操心經濟問題。

在精神上： 多陪伴、多關心父母。像是打電話、聊視訊都好，除了關心他們的身體健康，更要關心他們最近又有什麼計劃，想些什麼問題，聊聊老家發生了什麼事，這才是彼此交流。除此之外，更要珍

惜難得的相處機會，和父母在一起的時候別總是玩手機，不要只顧著聊自己的事，更不要嫌父母嘮叨，你得讓他們感到是用心地和他們溝通、傾聽他們的聲音。而以上這些，都跟你在不在大城市打拼沒有太大關係。

（2）從根本來看，所有選擇都同時是放棄。你問我是如何處理工作和家庭關係的，是否有所側重，我可以明確地回答你，當然是有所取捨的。

我們都是靠自己的雙手打拼著。如果想做成一些事情，付出的時間、精力、努力都是很多的。坦白地說，我確實做不到完全平衡工作和對家人的陪伴。你選擇多花一些時間做工作、忙事業，就意味著放棄了一部分做其他任何事情的時間。你能做的只能是在有限時間內更專注地陪伴、更有效率地鍛鍊、利用零碎時間做喜歡的事…但說實話，我已經很久沒有休閒時間了。我其實也很貪玩，愛好很廣泛，但真的擠不出時間來了。

（3）從改變自己做起，勿寄希望於改變他人。你覺得改變不了家人的習慣而感到很無奈。我可以告訴你，人生往往就是這麼無奈，你很難改變一個根本不願意改變的人。

舉個例子吧，我寫職場成長文章好幾年了，也見過很多人，非常清楚：讀了我文章而改變的人，他們內心本來就想要獲得改變，然後在這裡得到啟發。而那些根本不想自我突破的人，再多文章放在眼前也不會看。

對於家人，我們當然是最希望他們改變的，不管你也好，我也好，都是這麼想的。但只能說，能勸多少是多少，能幫著做多少是多

少。如果他們真的已經不願意改變一些（在你看來）不好的習慣，我們最終也只能盡人事，聽天命。

（4）人生短暫，要活得燦爛。賈伯斯有一番話對我影響很深，在這裡分享給你和各位讀者。

「你有時候會思考你將失去某些東西，『記住你即將死去』是我所知道能避免這些想法的最好辦法。你本就一無所有，沒有理由不去追隨自己的內心」

人生很短，所有的意義都是靠人自己活出來的。如此而已。與大家共勉。

Q6.漂泊在外，如何面對父母的壓力？

【@玉汝于成】提問：當我告訴父母要在外地工作以後，他們的反應特別大，天天用各種方式催促我回家。

本來是想來這個溫暖的地方過冬，順便找份自在點的工作，看自己喜歡不喜歡，想多嘗試多走走的，然後搞成現在這樣，真的讓我內心好沉重。感覺如果聽他們的、向他們妥協，我將失去選擇工作地點、想嫁外地人的自由。但是跟他們抗爭，我心裡始終有疙瘩，只要他們打電話給我，疙瘩就戳得我心疼。栩先生，我該怎麼辦？

【栩先生】答：玉汝于成你好！非常理解你的心情，也心疼你，面對這個問題確實很不容易。我直接用清單給你幾點建議：

（1）每個人都是自己人生的第一責任人，無論是你或你的父母，都應該明白這一點。也就是說，子女首先不是為父母而活，父母也不是為子女而活，雖然這話聽起來有些刺耳，但這才是成熟人生的真相。我們只有先對自己的人生負責，才有可能更好地去照顧親人。如果你的描述屬實，我認為你的家人並沒有想清楚這一點。

（2）如果你確定自己目前的決定是理性的，是符合人生發展需要的，那你就不應該妥協。如果你妥協了，就等於你自己和父母都會認為他們才是決定你人生的人。今後，在人生的每個重要關卡，他們都想要替你做決定。而且，如果今後你過得不順心，可能也會埋怨他們。

（3）不妥協只是基礎，你要做的，是不斷讓自己做出更好的選擇、獲得更好的成長，所以你要更加努力、認真負責地思考自己的人生。例如你對城市的選擇是「想來這個溫暖的地方過冬，順便找份自在點的工作」，我覺得這缺少說服力。如果你希望有大的發展，應該考慮這個城市的空間如何、我在這裡能找到好公司嗎？如果你對城市沒有明確的想法，那就用我常說的「大路思維」試著去大城市，因為「天花板」比小城市高很多。

對於戀愛結婚，你也要有成熟的擇偶觀。如果你自己對各項重大選擇都還缺少理性的判斷，那也就不要怪父母對你不放心了。「讓人放心」是需要用行動和實力去慢慢證明的，這部分也值得你認真思考。

（4）除了「知道該做什麼」以外，知道「怎麼說服他人幫助自己，至少不反對自己」也需要技巧。不要強硬地和父母說話，因為每個人都有侷限性，他們可能受限於自己的視野，認為按照他們的做法去做對你更好。很多事情，當下誰也說服不了誰的時候，不妨爭取一

些協調空間。

舉個例子，找一個和你關係不錯同時在父母面前也能說上話的親戚朋友，先和他做好溝通，讓他理解你的選擇，然後帶他去和你父母溝通。這可能比你直來直去地和父母吵架有效果。

當然還有很多其他具體的溝通技巧，你可以再想想。但前提是你能對自己的人生真正負起責任，不僅能負責，而且能做得好。這樣當你每一步的選擇都能讓生活越來越好的時候，我相信除非你的父母真的極其頑固（這畢竟很少），否則應該會慢慢被你說服的。祝好。

7.就業、考公職和深造，應屆畢業生應該如何選擇？

【@Better me】提問：栩先生你好！我今年六月畢業，從事跨境電商物流的工作，從去年實習到正式就業一年多了，最近公司一直裁員，有考慮換工作，不過不想再找電商物流類的工作了，工時很長，加上不少私人企業大幅裁員，讓我覺得在私人公司工作挺沒有安全感的。

我一直喜歡學校的氛圍，所以有考慮考研究所，想回去重新讀書，但是不知道選擇哪個科系，也不知道自己適不適合走學術之路。如果考公務員和當老師的話，考公務員的話挺難的，當老師的話則需要等明年再報考了。

目前這三條路，我不知道哪一條對自己來說是合適的選擇，每條路都有我喜歡的點，但又下定不了決心走哪條路，所以最近比較焦慮，整個人也越來越頹廢，很害怕做錯選擇，希望栩先生能給我一些

建議，謝謝。

【**栩先生**】答：Better me你好！你這個問題是很多應屆畢業生面臨的問題，其實不好回答。我從你的文字中看出一個讓人棘手的問題：你缺少判斷標準。

考研究所、考公務員、考教師資格…似乎都可以選擇。但唯獨你有專業和經驗的職務卻不想再選擇了。這個缺少判斷標準背後更深刻的問題，可能是你對於自己的目標方向、長處優勢都還沒有深入地思考過。

很多應屆畢業生或剛開始工作的同學，在處理類似問題時，都缺少一些可供參考的資訊。所以，我根據我的觀點、掌握的資訊，把四類選擇的未來可能性簡單分析一下，我認為這是對你比較有價值的辦法。

（1）如果你希望未來有機會透過正當方式獲得足夠豐厚的收益，並且能承擔一定的風險和短期波動，你應該進入商業世界。在這個時代，只要你真的有能力、做事靠得住，在商業世界中早晚有機會獲得不錯的收益。哪怕只是打工，在企業裡的收益一般來說比較高，當然同時也需要承擔一定的風險。

不管是電商物流或其他領域，只要你在互聯網行業工作，必然都會面臨工時長。從社會層面來說，這是一個需要社會去解決的問題。但從個人來說，如果你選了這個行業，那就是選擇了這個工作強度。無論裁員、正規性、穩定性…等問題，大企業的狀況一般會比小企業好很多。所以，如果選擇了這條路，就應該努力創造機會，去更大一點的地方。

（2）關於考研究所，如果你到現在都不知道該選什麼科系，自己適合不適合走學術領域，那我建議你把這個選擇往後放。我常說要有「風險收益」的意識，從現實利益來看，考研究所的收益是什麼？要嘛為了以後做學術，要嘛為了有更高的薪水。另外，為了充實自己當然也是合理的，但你的情況恐怕不屬於此類。

有的專業技術門檻高，本科畢業出來做不了太多有深度的事，那麼讀研究所是可以的。但有些專業本來就是應用型的，你又不是那麼想走學術領域，那就要在「畢業後再考研究所」這個選項上打個大大的問號了。

關於氛圍，你在中學、大學時的氛圍好，本質上是因為你和同學間沒有明確的利益之爭。但如果是高中，同學之間有升學競爭需求，這一點或多或少會改變。

（3）關於考公務員和考教師：真的想考，你就好好準備，不要還沒開始考就說很難之類的話。一定要有敢於先試試的精神。別人能考，我們就考不上嗎？很多時候，我們都是想得太多但做得太少。

而且，這兩種要同時報考也是可以的。我很尊敬教職，對你個人的職業選擇來說，根據自己的實際需要為參考吧。如果你真的足夠努力，成為名師，那無論是個人培育學生的成就感，還是潛在的收益機會都會很大。

話說回來，如果我們確實做得足夠出色，在企業裡不同樣也是很搶手的嗎？這也是我在這裡對你的最後一個建議：「足夠努力，去做相關領域的第一流員工」。選擇當然重要，但很少有選擇是百分之

百好或壞的，如果沒有努力，任何選擇都會變成壞選擇。祝你前程似錦，加油。

Q8.如何在業餘時間發展副業並提升自己？

【@牧羊】提問：栩先生，晚間打擾，十分抱歉。尋思良久還是來找你談談關於這幾件事情的看法。

（1）現在的我缺乏動力和目標。大概在三天前，本來需要完成的任務清單一件也沒有完成，是家庭或生活問題導致，不僅沒有完成任何正向的任務，一有空就會去玩遊戲、看視頻（不玩抖音和快手之類的），懶、逃避、自閉成了我現在的常態。

（2）目前有一份穩定的工作，但是空餘時間較多，所以我想學習或發展一份副業。為什麼想要發展一份副業？我想多賺點錢且投資自己，但是不知道切入點。我目前喜歡上了散打，也在練習。另外我不太懂法律，不知道應該學習法律的哪一方面，又對我以後有什麼樣影響（考慮到以後的事情主要是建立目標，想要為達成這樣的目標做準備）這對我來說特別是個大問題，還請指教。

【栩先生】答：牧羊你好，這應該是很多人非常關心的一個話題。你諮詢的問題我簡單歸納一下：缺少目標和動力，想用業餘時間發展一份副業和提升自己，怎麼做比較好？我的建議可能會出乎你的意料：你應該先思考的不是副業問題，而是主業問題。

給你講個小故事吧：當年互聯網泡沫化的時候，很多互聯網公司

都破產了，丁磊也面臨過網易股價只有64美元的情況。那時候丁磊想過把公司賣了做新事業。於是丁磊找段永平問，自己該做什麼項目。

段永平的回答是這樣的：你有一個公司了，為什麼要去做新項目，為什麼不把公司做好？我想說的也是這樣：你有一份主業了，為什麼不先考慮在主業上做出突破？有兩種情況：

（1）你的主業有比較大的發展空間。那你應該利用業餘時間做的，首先就是圍繞主業所在的行業、職位，去提升自己的競爭力。

比如，你提到「你不太懂法律」這個問題就可以基於你的主業來思考，如果學會法律知識後，對你的工作競爭力有一定程度的提升，那就可以針對這個項目去學習。但如果沒有的話，為什麼要選擇學習法律知識呢？這點我沒有看到你做選擇的考量因素，所以沒辦法給你具體的指導。但我知道研讀法律條文非常繁複，你即使學會了一些知識，那也是業餘選手。

（2）如果你的主業發展空間不大，那你首先要考慮的是：要不要換一份工作？如果有把握藉著換工作獲得更好的發展空間，那當然值得去試啊。無論從哪種情況來看，我覺得找一份副業可能並不是最佳解答。

當然，還有一種可能：你的工作比較穩定，你覺得空間有限，但又不太願意離開，就是想做一份副業增加一些收入。這當然也可以，而且值得鼓勵。因為至少你想的是繼續提升自己，而不是浪費業餘時間。至於副業做什麼最好？我不是專門研究副業的，不能給你具體的指導，但我認為它同樣應該遵循基本的商業模式：

（1）做一次就能多次販賣的事情。例如標準化的課程、產品。

（2）能有持續發展空間的事情。例如開小店的人有了穩定成績後，便可考慮開更大的店。

從這個角度上來看，其實業餘做散打教練，或者當小黃司機、兼職發傳單…其實都屬於同一類型，它們並不是好的模式，因為「那讓你的時間只能被販售一次」，而且缺少持續發展的空間。你是一位職涯二十年的司機，就能比職涯兩年的司機經營得更好嗎？不一定。若以業餘做散打教練為例，我們來談談兩條突破路徑：

（1）數一數二戰略。當你是你所在區域最棒的教練時，一般來說，你的收入肯定會是最好的。

（2）從專業線進入管理線。掌握了專業技能後，自己把商業模式摸清或是開店做老闆。這樣的話，才有可能把副業變成主業。

這也是我一貫的立場，如果副業只能讓你賺點不長久的零花錢，那價值是很有限的。以上供參考，祝好。你的問題中缺少一些更具體的訊息，如有更多問題，未來還可諮詢。

Q9.不想繼續讀書怎麼辦？

【@鄉村少年】提問：栩先生，你好，我是一名高三學生，成績不好，感覺老師教課教得不怎麼樣，對讀書沒有興趣了，有點累，我該怎麼辦呢？

【栩先生】答：鄉村少年你好。雖然你的問題很簡短，但我認為

這對你非常重要，因此，我寫了一千字的回答，請你好好讀一讀，也請有過類似經歷的同學們讀一讀。先用一句話表達我的核心觀點：一定要讀下去！認真準備考大學！

這道理非常簡單，我不希望你在社會上碰得頭破血流後才意識到這個道理：大學是人生的一塊敲門磚。對一般人來說（你的名字叫「鄉村少年」，我相信我們都一樣沒有含著金鑰匙出生），沒有這塊磚，你的人生一定會處處受阻。這就像打遊戲，明明大家都可以打普通難度的遊戲，你非要打高難度的遊戲，何必呢？沒有任何意義。接下來，我給你兩點建議：

（1）考大學是你人生中真正靠努力就能改變命運的最好機會。進了社會以後，努力當然也有用，但考大學的公平性，以及它對於一個普通孩子的價值，絕對是難以比擬的。這是你自己的人生，是你自己的機會，懂嗎？

至於老師教得好一點，差一點，那沒有辦法。我知道，很多人上學的時候，都會以「老師教得不好」為由討厭某門課程，這很常見，但實在是非常愚蠢的一種心理。

我可以明確地告訴你，不管是老師，還是你現在的同學、朋友，很多人都只會陪伴你走過人生的一小段路，甚至有很多人，你畢業之後，這輩子都不會再和他們見面。但你的人生還得靠自己走下去啊，學習是自己的，工作和生活也是自己的，怎能因為「覺得老師教得不太好」就放棄學習呢？萬萬不行！

（2）要學會欣賞別人的優點，也要學會自己掌握學習方法（未來

就是要靠自己掌握更多改變命運的機會）。

我讀中學的時候也不喜歡某位老師，後來想想也是和同學們互相影響，最終導致我們在這門課的成績都不好。當時我們的班主任知道這件事情後，特地和我們開了一次會，講了這位老師的一些優點，讓我印象非常深刻。我才突然意識到，這位老師確實是有很多優點的，只不過之前都被我們習慣性忽視了。後來，我們幾位同學都不再討論此老師的缺點。因為每個人都有自己的缺點，而你不能只盯著他人的缺點看。

退一步講，即使真的像你所說的，老師教學水準比較有限，那就沒有辦法了嗎？當然不是。你有好幾種選擇：（1）請教你們學校，甚至是你所在地區能找到的好老師，如果有條件的話，找他們幫你補課（2）自己買參考書讀（3）找擅長該科目的同學教你。此外，也可上網找優質的網路課程學習。

最後，送你一句我很喜歡的話：「收拾精神，自作主宰」。

你已經高三了、即將成年了，應該知道抱怨沒有意義，人生早晚都要靠自己，既然如此，為什麼不早點開始？選擇決定命運，只有你選擇努力，才能迎接未來更好的人生。加油！加油！

10.怎麼樣向老闆提出加薪？

【@威國王】提問：怎麼向老闆提出想要加薪的需求？又如何讓老闆爽快地答應？

【杤先生】答：威國王你好。我相信加薪這件事是許多人非常關心的問題。但我的回答很可能要讓你失望了。如果把你的問題拆開來看，是兩個問題：

（1）怎麼提出加薪需求？
（2）如何讓主管爽快地答應？

但你想過嗎？在大多數情況下想讓老闆幫你加薪，靠的都不是「說」的技巧。

如果你把提加薪當成談判，無非就是使用談判及說服技巧而已。比如，用資料或案例論證你的貢獻；刻意等老闆心情好…等類似的合適時機；使用不卑不亢的語氣、沉默…等技巧。如果想詳細了解，你可以讀讀這類書籍，或去知乎、論壇蒐集資料。但是提問題的時候，得先想想這個問題提得對不對，然後再來考慮答案是什麼。我想反問你兩個問題：

（1）你經歷過加薪嗎？是怎麼做到的？是靠溝通技巧，還是靠跳槽或其他方式？
（2）你身邊有一次大幅加薪的朋友嗎？你問過他們，他們靠的是什麼嗎？

從你提的問題看來，我擔心你在這方面缺少經歷。以下分享一些很實在的道理，希望你不要被一些人或者某種思想混淆了，想讓老闆爽快地幫你加薪，本質上就幾個原因，無非還是風險收益：

（1）老闆認為你創造的價值大。

（2）老闆認為你未來可能創造的價值人。

（3）老闆認為失去你的話，公司承擔的風險高。

也就是說，要嘛業績突出，或承擔了更大的責任，要嘛讓老闆看到你的潛力，又或者是看到你的「不可替代性」在增強。除此之外，還有一種方式：自己創業，承擔更大的風險，爭取更大的收益。但看你的情況，我不鼓勵你這麼做。

我不知道網路上有多少人靠著談判小技巧實現加薪的。我只能實實在在地告訴你，我所知道的，我身邊那些收入快速增長的朋友，沒有一個是靠自己提加薪的，他們都是業績為因，加薪為果。

職場是很現實的。我不是反對你提加薪，只是想讓你清楚思考：老闆為什麼要給你加薪？如果由於一些外在原因，讓你的薪資和貢獻長期不匹配，平心靜氣找老闆好好談一談，讓他知道你的困惑，這樣非常合理。至少老闆會認真考慮你提出的問題，如果短期內無法解決問題，只要你能力強，無論升職、換職務、跳槽都可以，辦法有很多。

但如果在老闆看來，你的薪資和貢獻就是相等的，符合公司對這一層級員工的水準，那麼，老闆憑什麼要給你加薪呢？就憑你運用了談判技巧嗎？最後，祝你好好工作，早日加薪、多多加薪。等你真正有過大幅加薪的經歷後，相信你會明白我說的這些「常識」。

11.不擅長溝通的人如何融入環境？

【@ONLY ME】提問：學長你好，我是應屆高中畢業生。我先說

一下我自己內心的想法：首先，我大學考試沒考好，所以想學的專業可能學不了了。我覺得沒法進入好大學的話，就需要在其他方面多努力。我的問題是：身為一個理科學生，我在文史哲方面非常欠缺。雖然擅長溝通，但是團隊作戰能力很差，組織能力也差，面對新環境容易緊張，更喜歡單兵作戰。我想知道我自己的想法是否正確？我的問題如何解決？

【枬先生】答：先說點題外話，你剛剛高中畢業，非常年輕。而年輕最大的價值就在於未來充滿無限可能，今後做什麼工作、往哪兒發展，每一步都有變化，只能大致覺得某方面機率大一點而已，但隨著畢業、工作，尤其成家立業之後，各種可能性開始快速縮限，最後看到的就是唯一的現實面。大學沒考好不用特別強調（我大學也沒考好），就像一部優秀的成長電影一樣，你需要先接受你有一個不完美的開始，才能在此基礎上去創造更好的可能。從你的提問來說，我覺得你可以從以下幾個方面去思考：

一是大學科系。如果確定不喜歡也不擅長現在的科系，學校會提供你轉科系的機會，只是比較難，需要入校後就馬上規劃，除此之外，大學畢業後考研究所也能重新選擇想學的專業。如果現在學的內容並沒有那麼讓你反感和拒絕的話，不妨將本科系當成獲得學歷的敲門磚，然後在大學裡努力發掘其他能力，畢竟大學畢業後不靠原本所學卻活得好好的人不在少數。

二是關於如何努力。大學的時間比較寬裕，最忌諱漫無目標，因為時間一長，就沒有一科是你精通的。按照我之前講過的長板思維，最好在擅長的地方投入最多，比如你說的溝通方面（參加各類社團、組織活動、參加演講辯論…等，都是好方法），藉此補齊自己的短

處。又比如你提出的英語、文史哲，可以為自己明確地訂日標計劃，像是英語怎麼提升、達到什麼水準；又要讀哪些文史哲類的書來加強，都要有方案，否則很容易三分鐘熱度而虎頭蛇尾，當然，重點在於合理分配時間、精力並養成習慣。

三是關於團隊作戰和組織能力…等，這些不是現在的你一下能做到的。只能說，你意識到了這是好事，但不要太焦慮，多數人這方面的能力都是從工作開始培養的，一開始受點打擊很正常的，反倒是大學裡特別擅長辦活動、上下交際、處事玲瓏的人，在步入社會後也不一定就表現得很好。

我最後的建議是，讀大學期間最重要的還是打基礎，不管是什麼科系，既然學了就要好好學，業餘的時間多看看書、大量閱讀，剩下的時間適度參與活動、社會實踐、開闊眼界，打開自己的思維。進了社會你會發現，擁有一技之長、扎實的積澱以及高效的學習能力，比什麼都重要。

12.如何改善負面情緒？

【@莉莉、@清厘】提問：我的情緒會莫名低落，但是找不到具體的原因。可能是感情不順利，工作壓力大，很迷茫，請問該如何確認自己情緒低落的具體原因呢？還有我經常會因為一件小事情而煩躁，甚至會把脾氣發洩在一個跟我鬥嘴的人身上。我很想改變自己的現狀，但不知道自己產生負面情緒的原因是什麼。

【栩先生】答：心理學裡有個「情緒轉移」法則。你聽過「踢貓

效應」嗎？？一個人被主管罵了，就去罵他的下屬，下屬只能回家罵兒子，兒子被罵了也很惱火，便狠狠地踢了家裡的貓，最後只有貓沒辦法轉移仇恨，只能喵！一聲表示憤怒。負面情緒也是這樣，你在一件事上有了情緒，如果沒有及時疏解和宣洩，很可能在別的時間點、別的事情上爆發。這種現象在情侶之間最為普遍，兩個人本來沒什麼，結果一方突然爆發，很可能不是因為當下什麼事做得不對，而是前幾天的什麼事做得不好，當時忍住了，結果情緒沒有疏解，遷移到當下的事上。

上面兩個問題，本質上都是情緒轉移的問題，但因為很多人缺乏深思，所以很難發現情緒其實可以轉移，但需要自己刻意去梳理。一旦發現自己情緒莫名低落時，不要輕易放過它，有兩種方式：（1）靜下心來，承認現在的情緒根源在別處，然後慢慢回憶，找到負面情緒產生的源頭，看看當時的事情是否已經處理了，對應的情緒也不該再有了（2）使用剃刀法則，反正已經是過去的事情了，你只要知道現在這種負面情緒對你不好，需要及時意識並且停損即可。

人生很長，如果凡事斤斤計較會活得很累，有時候也要學一下「難得糊塗」，過去的就別再沉浸和糾結了，只關注當下和未來，這也是訓煉自己的「鈍感力」。當然，如果長期（超過幾個月）情緒都非常低落，對什麼都提不起興趣，就要警覺是否有心理方面的疾病，最好去醫院接受專業的諮詢診療。

13.如何與不喜歡的人相處？

【@mvp穎】提問：請教栩先生，我身邊有負能量的同事，成天

抱怨社會、抱怨工作，我已告訴她我很忙，但是她選擇忽視且告訴我，你忙你的、我說我的。礙於面子，我沒法選擇與她徹底不說話，但我又不願意聽她每天不停抱怨來浪費自己的時間，還容易受她情緒傳染。對於這種沒辦法感知別人情緒，只顧自己發洩不良情緒的同事，我該怎麼和她相處？

【栩先生】答：我之前寫過一句話：「所謂情商高，意味著學會了寬容他人的情商低」。真正內心能量充盈的人是不怕負能量影響的，水可以撲滅火，但如果你是太陽，傾盡整個太陽系的水也不可能澆滅。這個問題本質上應該是你本來就不是一個意志堅定、樂觀積極的人，而且極易受負面情緒的影響。對此，我的回答很簡單，有上中下三策可供選擇：

（1）上策，把這樣的人視為鍛鍊自己的一種挑戰，每次和他們聊天交流，都給自己設置一種任務模式：我要開始挑戰了，然後試試交流後能否化解他們的負面情緒，能否不被影響？這是一種主動出擊的方法，更有利於幫助自己成為正能量充盈的人。

（2）中策，轉移場景，避免進入他人「輸出負面情緒」的場景。什麼樣的場景最容易讓人輸出負能量呢？單獨吃飯、深夜聊天、閒暇獨處。你可以和他人交往，但要避免進入這類場景，盡量將你和他人的交流場景放在工作時間，比方中午散步（時間短）、健身跑步或其他休閒場合。總之，你不要被別人拉入他們最舒服的場景，而是把對方拉入你擅長和覺得舒服的場景，讓他們進入你的節奏。這樣的話，他們在你的場景裡很難那麼放鬆放肆地輸出負能量，同時也很難影響你。另外，如果他們覺得適應不了，會主動覺得你和他們不是一掛的，不用你做什麼，他們也會疏遠你。

　　（3）下策，運用剃刀法則，直接PASS掉，在你自己還不夠強大的時候，不要給自己的人生過多干擾。工作和生活壓力那麼大，憑什麼還要去為他人的負面情緒買單？如果你拼命生活，就要對那些可能扯你後腿的人堅決說「不」，從本質上說，他們也不會成為伴你終生的朋友，多少年後，誰還會記得誰，誰還會認識誰，何必糾結？該斷捨離的，一定要果斷，物如此，人也一樣。

【後記】

　　寫完本書時，我腦海中總是浮現出小時候的兩個場景。

　　第一個場景，讀小學時，老師教我們「鑿壁偷光」的故事。匡衡勤奮好學，但是家裡窮，買不起蠟燭，晚上沒法讀書。因為鄰居家有蠟燭，於是匡衡就在牆壁上鑿了一個洞，「偷」鄰居家的燭光來讀書。老師說，學習這則故事，重點是學習匡衡好學的精神。不過，當時我根本沒有抓住重點，卻把注意力放到匡衡的鄰居身上了。

　　我那時琢磨，這好好的牆上鑿個洞，鄰居怎麼會發現不了呢？而且，既然光能透過去，匡衡能看清書上的字，這洞肯定不會太小啊！瞎琢磨了很久，我斬釘截鐵地得出結論：鄰居早就知道匡衡在「鑿壁偷光」了。

　　我認為，鄰居肯定是很善良的人。他明明知道牆上有洞，但卻故意沒有把洞補上，還總是點蠟燭到很晚，這都是為了讓匡衡能安心讀書啊。這個故事不應該叫「鑿壁偷光」，應該叫「鑿壁送光」！鑿壁的人是匡衡，送光的人則是他的鄰居。

　　當然，至於鄰居為什麼不直接給匡衡家送蠟燭，這問題就不在我的思考範圍了。我只記得，從那之後就非常喜歡匡衡的鄰居。直到今天，我也不知道匡衡的鄰居是誰，更不知道他到底是怎樣的人。但有一天我突然意識到，鑿壁送光的故事是真實發生過的，而且就發生在我身上。

　　第二個場景：讀國中時的某天傍晚，老師喊我去談心。我們站在湖邊，一邊看著平靜的水面一邊聊天。當天，我考了非常好的成績，滿心以為老師會誇獎我，然後說一下後面的學習安排，沒想到老師一開口問的卻是：「你最近讀了哪些課外書？」正好我那陣子的心思沒在那方面，於是就說最近沒看什麼課外書。

　　沒想到，老師突然變了臉色，說這可不行，學好功課當然重要，但一定要多讀課外書，這關係到你未來一輩子的成長。我愕然。後來，老師站在那裡，苦口婆心地跟我講了一兩個小時，講她上學時如何偷偷讀課外書，工作後又怎樣擠時間閱讀；講文學和歷史的經典可以讀哪些、怎麼讀；講其他還有哪些學科可以涉獵…我不時地點頭，大部分時間默不作聲。

　　當天談的細節，我早就記不清了，但當時內心起的波瀾，至今依然不時在我胸中湧起。在那當下，正好湖上一陣微風吹過，昏黃溫暖路燈的照射下，水面映出陣陣波光。我只覺得，內心原本被牆壁堵得嚴嚴實實的地方，那一刻突然有一束光照進縫隙，一瞬間變得通透並且光亮起來。

　　老師是手把手幫我鑿開蒙昧之牆，送出希望之光。

　　我是個幸運的人。在我三十多年的人生中，發生過很多次類似的場景。我從沒經歷過「鑿壁偷光」的窘迫，卻一再感受到「鑿壁送光」的溫暖。看到這裡，你應該能明白我發願寫下這本書的初衷了。

　　我感受過光的溫暖，也想傳遞一縷微光。燭火的光亮當然不能和日月星辰相比，但只要能照亮一個人，照見一小段路，這一縷光就有

了意義，僅此而已。

在此，我要真誠感謝為這本書花費心力的每個人。

感謝知乎圖書的老師以及工作人員，謝謝你們為本書出版過程辛苦付出。感謝諸位推薦人，能得到你們對這本書的認可和推薦，我深感榮幸。

謝謝「枊先生」團隊的每位小夥伴，特別是小宇、阿瑨、毛喜珍對本書的支持。小宇就像永遠精確的鐘錶，總在我最需要時，高效地幫我查找素材和準備資料；阿瑨如同一面明亮的鏡子，主動結合自身觀察與社群回饋，為本書內容提供有益的建議；毛喜珍則是勤奮的啄木鳥，仔細認真地「捉蟲」，多次校對本書。

我要謝謝給我無數啟發與指導的師長，謝謝你們無私地撥開雲霧，傳遞光芒。

謝謝我的家人，以及我的朋友公子小白、志峰、奧爾加、薑承雪、Pucky…多少陪伴、多少幫助，難以計數。最後，真誠地感謝我的每一位讀者。高山流水，幸有知音。相視一笑，莫逆於心。

人生漫漫，你們將會繼續溫暖我未知的長路。

【讀後筆記】

【讀後筆記】

【讀後筆記】

【讀後筆記】

【讀後筆記】

【讀後筆記】

爆發式成長

突破舊我、逆轉停滯困境的 14 堂底層思維課！

作　　　者	李栩然	地　　　址	231 新北市新店區民權路 108 之 2 號 9 樓
責任編輯	蕭歆儀	郵撥帳號	19504465 遠足文化事業股份有限公司
內頁設計排版	關雅云	電　　　話	(02) 2218-1417
封面設計	TODAY STUDIO	信　　　箱	service@bookrep.com.tw
總 編 輯	林麗文		
副 總 編	梁淑玲、黃佳燕	法律顧問	華洋法律事務所 蘇文生律師
主　　編	高佩琳、賴秉薇、蕭歆儀	印　　製	博創印藝文化事業有限公司
行銷總監	祝子慧		
行銷企劃	林彥伶、朱妍靜	出版日期	西元 2023 年 7 月 初版一刷
		定　　價	399 元
出　　版	幸福文化／遠足文化事業股份有限公司	ISBN	9786267311110　書號 0HDC0072
發　　行	遠足文化事業股份有限公司	ISBN	9786267311196 (PDF)
	（讀書共和國出版集團）	ISBN	9786267311202 (EPUB)

本作品中文繁體版通过成都天鳶文化传播有限公司代理，经天津知者万卷文化有限公司授予远足文化事业股份有限公司 (幸福文化) 独家出版发行，非经书面同意，不得以任何形式，任意重制转载。

國家圖書館出版品預行編目 (CIP) 資料

爆發式成長：突破舊我、逆轉停滯困境的 14 堂底層思維
課！／李栩然著. -- 初版. -- 新北市：幸福文化出版社出版：
遠足文化事業股份有限公司發行, 2023.07
　面；　公分
ISBN 978-626-7311-11-0（平裝）

1.CST：成功法

177.2　　　　　　　　　　　　112006554